Christian Langegger
Christoph Biedermann
Christoph Gruber

Im Land der Karibus

Abenteuer in Alaskas Brooks Range

Berenkamp
Hall in Tirol · Wien

Hall in Tirol–Wien
www.berenkamp-verlag.at
ISBN 978-3-85093-243-1

Satz: Berenkamp
Druck: Longo AG, Bozen

„Wir danken Grabner Boote für die großartige Unterstützung."
Die Autoren

Bibliographische Information der Deutschen Bibliothek

Die Deutsche Bibliothek verzeichnet diese Publikation in
der Deutschen Nationalbibliographie; detaillierte bibliographische
Daten sind im Internet über http://dnb.ddb.de abrufbar

Im Land der Karibus

Abenteuer in Alaskas Brooks Range

Christian Langegger
Christoph Biedermann
Christoph Gruber

Berenkamp
Hall in Tirol · Wien

Alaska
Barrow
Bering Sea
Point Hope
Colville River
Brooks Range
Noatak River
Cutler
Ivishak Pass
Ambler
Redstone
Kotzebue Sound
Kotzebue
Walker L.
Alatna River
North
Middle
South
L. Minakokosa
Kobuk River
Arctic Circle
Allakaket
Koyukuk River
Koyuk
Nome
Nulato
Yukon
Tanana
Norton Sound
Unalakleet
Kaltag
St. Michael

Beaufort Sea
Prudhoe Bay
Dalton Highway
Porcupine River
Fort Yukon
Circle
Canada
Eagle
Fairbanks
Nenana
Stromaufwärts
Stromabwärts
Portage

Inhalt

Vorwort

Geweih eines Karibu-Bullen
Ivishak Pass

Abenteuer – eine von der richtigen Seite betrachtete Strapaze. (G. K. Chesterton)

Dieser Spruch mag wahr sein, doch wer einmal im kühlen Wasser des Yukon geschwommen ist oder tanzende Nordlichter gesehen hat, der wird zugeben, dass die Strapaze der geringste Teil daran ist. Ein Abenteuer bedeutet vor allem, in sich zu gehen, sich selbst zu finden. Nirgends sonst als in der Wildnis kann man sein, wie man wirklich ist. Und Alaska ist ein guter Ort dafür.

Alaska ist mit Sicherheit eines der wenigen Länder, die die Sehnsucht nach Freiheit und Natur noch erfüllen. Tausende befahren die unzähligen Flüsse jedes Jahr und wagen damit ein einzigartiges Naturerlebnis, das gewiss auch mit allerlei Gefahren verbunden ist. Jeder hat allerdings seinen eigenen Zugang zu Natur und Wildnis, je nach seinen Fähigkeiten und Möglichkeiten. Viele der Flüsse Alaskas sind gut bekannt und werden daher auch häufig befahren. Eine derartige Reise lässt sich schon aus diesem Grund sehr gut planen, denn man erhält Informationen über Gefahren der Route, wie Stromschnellen oder Untiefen, ebenso wie über Reisedauer, die beste Jahreszeit, empfohlene Ausrüstung und über die Wildtiere, denen man dort begegnen kann. Die meisten Flussreisenden nehmen zudem ausreichend Nahrungsvorräte mit und verzichten aufs Jagen und Angeln. Sogar einige kommerzielle Veranstalter haben daraus ein Geschäft gemacht und bieten geführte Touren durch die Wildnis Alaskas an.

Andere wiederum suchen ein Naturerlebnis der besonderen Art. Sie begnügen sich nicht mit dem „Besuch" oder der Beobachtung. Sie wollen eins werden mit der Wildnis, machen sich dadurch in gewisser Weise abhängig von der Natur und setzen sich gleichsam auch großen Gefahren aus. Zu dieser kleinen Gruppe von Abenteurern gehören auch wir.

Wir wollen Nordamerika so erleben, wie es einst Alexander Mackenzie Ende des 18. Jahrhunderts erlebt hat. Nur mit Grundnahrungsmitteln ausgestattet, wollen wir uns mithilfe von Angel und Gewehr mit allem Nötigen, das man in der Wildnis findet, versorgen. Wir angeln Fische, jagen Kleinwild und sammeln Beeren, Kräuter und Pilze.

Die Zeit und der Weg spielen dabei eine weniger bedeutende Rolle, es geht um das Erlebnis selbst, jeden Tag und jeden Atemzug da draußen. Das Gefühl, den Naturgewalten ausgesetzt zu sein, abhängig von den Zufälligkeiten des Wetters, vom Jagd- und Angelerfolg, mag für viele ein bedrohliches Gefühl oder eine erschreckende Vorstellung sein, und es mag im Einzelfall auch dem Wildnisreisenden, der sich in dieses Abhängigkeitsverhältnis begibt, Angst machen. Doch dazu kommt ein ganz anderes Gefühl – es ist das Gefühl, privilegiert zu sein, das Gefühl, eins zu sein mit der Wildnis, ein Teil von ihr.

Nicht genug damit, haben wir uns für die in diesem Buch beschriebene Reise eine Route ausgesucht, die abwechslungsreich ist und viel Unbekanntes bereithält. So war uns vor der Reise weder etwas über den Redstone River, dem wir 70 Kilometer stromaufwärts folgen wollten, noch über den Ivishak Pass, der als Überschreitung mit der gesamten Ausrüstung zum Herzstück unseres Abenteuers werden sollte, bekannt. Auch über die Befahrbarkeit des Cutler River, der uns durch die nördliche Tundra zum Noatak River bringen sollte, konnten wir keinerlei Information bekommen. Doch wir sind voller Pioniergeist und Abenteuerlust, und nichts ist aufregender für uns, als in zum Teil unbekanntes Gebiet vorzustoßen. Das vorliegende Buch unterscheidet sich von seinem Vorgänger „Der versunkene Pfad" in vielerlei Weise. Das konstant gute Licht und die Einzigartigkeit der nördlichen Tundra, die wir auf unserer Reise durchquerten, boten ungeahnte fotografische Möglichkeiten, denen in diesem Buch in besonderer Weise Rechnung getragen wird. Unsere abenteuerliche Reise wird in eigenständigen Episoden erzählt, was uns und auch dem Leser die Möglichkeit gibt, verschiedene Betrachtungsweisen der drei Autoren zu erleben. Die vorliegenden Bilder sind Aufnahmen einer Landschaft, die in dieser Form möglicherweise nicht mehr lange existieren wird. Die viel berichteten Auswirkungen des Klimawandels machen leider auch vor der Wildnis Alaskas nicht halt. Packeis und Permafrostboden schmelzen kontinuierlich, die Bestände der Karibus und Eisbären gehen immer weiter zurück, weil ihnen der natürliche Lebensraum fehlt.

Wir jedenfalls hoffen, dem Leser näherzubringen, wie mächtig und zugleich fragil sich die Natur zeigen kann, insbesondere in einem Land wie Alaska.

Christian Langegger
Christoph Biedermann
Christoph Gruber

Frühjahr 2009

Die vier Abenteurer im Land der Karibus

Abend am See
Lake Minakokosa

Prolog

Christoph Gruber

Zu dritt sitzen wir am Lagerfeuer. Die Mitternachtssonne strahlt uns ins Gesicht. Umgeben von überwältigender Natur und in herrlicher Einsamkeit genießen wir den Augenblick. Jede Richtung, in die man schaut, wäre ein perfektes Motiv für ein Bild. Seit meiner Kindheit träume ich davon, einmal irgendwo im Nirgendwo zu sein, die vollkommene Schönheit der Natur zu erfahren, unendlich frei zu sein und die Welt in ihren wundervollsten Formen zu sehen. Ist das nicht der Grund, weshalb Abenteurer, Bergsteiger und andere Naturliebhaber den Alltag hinter sich lassen, ihm entfliehen und oft sogar ihr Leben dafür riskieren? Das richtige Maß an Gefahr und Spannung macht Erlebnisse außergewöhnlich, eindrucksvoll und unvergesslich.

Der Reiz des Unbekannten und Unerforschten ist es, der ein Abenteuer erst zu einem solchen macht. In meiner Heimat bilden Berg- und Schitouren, Fischen und Klettern solch markante Erlebnisse. Hier, in Alaska, bereitet jedes Ereignis und jede auch noch so banale Tätigkeit ein Gefühl der Naturverbundenheit und Freiheit. Schade, dass unser vierter Mann das im Augenblick nicht miterleben kann …

Christian Langegger und Christoph Biedermann haben bereits einmal gemeinsam ein gewaltiges Abenteuer in Alaska erlebt. Die beiden wählten eine bis dahin unbezwungene Route und waren dafür nicht optimal vorbereitet. Weitere ungünstige Umstände führten schließlich dazu, dass die vermeintliche Herausforderung für sie zur Hölle wurde und die beiden ihre Abenteuerlust aufs Äußerste forderten. Am Ende einer zweimonatigen Odyssee, als sie, von den Strapazen gezeichnet, ihr Ziel erreichten, schworen sie einander, sich nie wieder in eine solche Lage zu begeben. Alaska, ade!

Zwei Jahre später lernte ich Christian kennen. Beim Klettern unterhielten wir uns über meinen Kindheitstraum: eine Abenteuerreise nach Alaska. Er erzählte mir von seinen Erlebnissen und schwärmte von unberührter Natur, wilden Tieren und grenzenloser Freiheit. Ich war gerade an der Schlüsselstelle der Kletterroute angelangt und klammerte mich an einer schmalen Leiste fest. Mit letzter Kraft zog ich mich zum nächsten Griff, als er mich fragte, ob ich mit ihm nach Alaska reisen würde. Ich war überrascht und stolz, dass er mich für ein Abenteuer wie dieses geeignet hielt. So war die Beantwortung der Frage in diesem Moment wichtiger als das saubere Klettern – mit einem Sturz testete ich (ungewollt) Christians Vertrauenswürdigkeit beim Sichern. Am Seil baumelnd antwortete ich: „Ich bin dabei!" Wir machten uns an die Vorbereitungen. Christoph Biedermann blieb seinem Vorsatz etwas länger treu. Doch als ihm Christian die konkrete Route in der Brooks Range in Alaska vorstellte, begann er zu zweifeln. Nach einiger Zeit konnte auch Christoph dem Ruf der Wildnis nicht mehr widerstehen und brach den Schwur seines letzten Abenteuers. Das „Alaska-Duo" war wieder vereint.

Zu dritt ist eine Expedition, wie wir sie geplant hatten, nur schwer möglich. Einer müsste allein in einem Kanu fahren. Das ist zwar machbar, aber wesentlich anstrengender als zu zweit. Äußerst schwierig wären jedoch jene Passagen geworden, an denen die Ausrüstung getragen werden muss. Also wurde uns klar, dass wir einen weiteren Mitstreiter brauchten. Einen geeigneten Mann für ein solches Vorhaben zu finden, ist jedoch nicht ganz leicht. Wir hatten Glück: Niclas Raffelsberger, ein Freund und Arbeitskollege von Christoph, war schon immer von Alaska begeistert gewesen und sagte sofort zu. Die Zeit für die notwendigen Vorbereitungen war kurz und verging wie im Flug. Christian beendete das Training mit einem Kletterurlaub in Mallorca, während Christoph sich eine Erholungsreise nach Thailand gönnte, um Kraft für die bevorstehenden Strapazen zu tanken. Der große Tag rückte immer näher, und schließlich war es so weit: Nach dem Verabschieden von Familie, Freundinnen und Freunden stiegen wir fit und motiviert in München in das Flugzeug, das uns nach Fairbanks bringen sollte.

Während des Flugs bekam Christoph Kopfschmerzen und Fieber. In Fairbanks angekommen, zogen wir wegen seines Gesundheitszustands ein Hotelzimmer dem Campingplatz vor. Das Fieber hielt zwei Tage an, weshalb wir ihn schließlich ins „Fairbanks Memorial Hospital" brachten. Für eben diesen Tag hatten wir mit David, einem Studenten der „University of Fairbanks", eine achtstündige Autofahrt zu unserem Einstiegspunkt in die Wildnis im Norden vereinbart.

Wir verschoben die Fahrt auf den nächsten Tag. Ein weiterer Aufschub war für David nicht möglich, da er wieder arbeiten musste. Als uns der behandelnde Arzt versicherte, dass Christoph nur an einem Virusinfekt erkrankt war und in spätestens drei Tagen wieder fit sein würde, waren wir zunächst erleichtert. Dennoch wussten wir nicht wirklich, wie wir weiter vorgehen sollten. Einerseits wollten wir Christoph nicht allein zurücklas-

Abenteurer 1
Christoph Biedermann

Abenteurer 2
Christoph „Grischi" Gruber

sen, andererseits verfiel Davids Angebot. Per Autostopp nach Norden zu gelangen, schien uns zu viert, mit dreihundert Kilogramm Gepäck, äußerst unrealistisch.

Wir suchten nach einer Lösung, bei der wir mit wenig Zeitverlust und trotzdem zu viert die gesamte Route schaffen konnten. Aufgrund der Aussagen der Ärzte und unserer Einschätzungen kam uns nie in den Sinn, dass Christophs Krankheit von längerer Dauer sein könnte. Zunächst hatten wir folgenden Plan: Zwei von uns würden mit der gesamten Ausrüstung bis zu unserem ersten Lagerplatz fahren, einer bei Christoph zurückbleiben. Nach dessen Entlassung könnten die beiden via Autostopp folgen. Wir wollten jedoch vermeiden, dass Christoph unmittelbar nach seinem Krankenhausaufenthalt den Strapazen der Wildnis ausgesetzt sein würde. Als uns David anbot, sich in unserer Abwesenheit um Christoph zu kümmern und ihn in seinem Haus auszukurieren, hatten wir also folgende Idee: Niclas, Christian und ich wollten zu dritt auf dem Jim- und Koyukuk River bis nach Allakaket fahren, Christoph würde nach etwa sechs Tagen per Flugzeug zu uns stoßen.

Gesagt – getan. Christian, Niclas und ich hatten bereits eine Woche in der Wildnis verbracht, als uns in Allakaket die ernüchternde Nachricht erreichte: Christoph musste aufgrund seines Gesundheitszustands sofort nach Österreich zurückfliegen. Unterdessen hatte sich nämlich herausgestellt, dass er an einer tropischen Viruserkrankung (Dengue-Fieber) litt. Obwohl er sich schon wieder besser fühlte, hatte er eingesehen, dass das Risiko eines Rückfalls unverantwortlich hoch war. Und unser vermeintlich guter Plan stellte sich als Fehler heraus. Für Christoph brach zusätzlich zum physischen Schmerz eine Welt zusammen: Der Traum eines neuerlichen Abenteuers in der Wildnis Alaskas war geplatzt. Christian, Niclas und ich waren jetzt mitten in einer Route, die in der vorgesehenen Zeit zu dritt nicht schaffbar ist. Was wir zu diesem Zeitpunkt noch nicht wussten: Christoph wird vier Wochen später mit alter Stärke zu uns stoßen, und wir werden zu viert das Herzstück der Route gemeinsam bewältigen.

Leben in der Wildnis

Christoph Gruber

Wenn man eine Reise wie diese plant, hat man gewisse Erwartungen. Man versucht, sich bestimmte Situationen vorzustellen. Jetzt, im Nachhinein, stelle ich fest, dass es tatsächlich erstens immer anders kommt,

Abenteurer 3
Christian Langegger

Abenteurer 4
Niklas Raffelsberger

und zweitens als man denkt. Das trifft vor allem auf das Überleben in der Wildnis zu.

Meine Vorstellung bestand aus einem Drittel „Fortbewegungskampf", einem Drittel Nahrungsbeschaffung (Jagen, Fischen) und einem Drittel „Verteidigung gegen wilde Tiere".

Tatsächlich verwendet man die eine Hälfte eines Tages, um voranzukommen, und die andere Hälfte, um den Hunger zu stillen. Dadurch entwickelt man ein vollkommen neues Wertegefühl. Für mich gab es in der Wildnis vor allem zwei äußerst dominante Werte: Unangefochten an erster Stelle steht das Essen. Nach einiger Zeit kann man sich nicht mehr vorstellen, warum jemand einen Porsche haben möchte, wenn er dafür tausende Schokoriegel haben könnte. Den zweiten Platz nimmt das Erreichen eines Tagesziels ein. Damit verbindet man sämtliche Gedanken an die Schönheit der Natur und auch die Heimat. Der wesentlichste Unterschied dieser Werte zu jenen in der zivilisierten Welt ist, dass diese unmittelbar und für jeden erreichbar sind, weil man sie selbst definiert – ohne Beeinflussung durch die Gesellschaft. So entstand für mich eine gänzlich andere Art des Lebens.

In diesem Kapitel erläutere ich anhand meiner ersten Tage in der Wildnis, wie sich der Alltag in „diesem Leben" entwickelt hat.

Eindrücke

Alaska: Grausame, beißende Kälte. Unendlich ausgedehnte Schnee- und Eisfelder. Hohe, schroffe Berge. Gletscher, die ins Meer kalben. Finster drohende Fichtenwälder und undurchquerbare Sümpfe. Wilde Flüsse, die alles mitreißen, was sie auf ihrem Weg zum eisigen Ozean hindert. Nur sie selbst bestimmen ihren Verlauf, mit nicht endender Gewalt reißen sie sich neue Arme durch Wälder, Wiesen und Sümpfe. Konstant nagen sie an den Fundamenten der Steilufer, deren Stein und Fels donnernd ins Wasser brechen. Die Zeit scheint eine untergeordnete Rolle zu spielen. Stille lastet auf dem Land, unterbrochen nur vom Heulen der Wölfe und dem Rauschen des Wassers.

So lebensfeindlich man sich die nördliche Wildnis auch vorstellt: Einige Monate lang, im Sommer, weicht die grausame Kälte milderen Temperaturen, die Leben ermöglichen und Gnade walten lassen gegenüber Menschen, Tieren und Pflanzen. Zu dieser Zeit gedeihen saftige Beeren, die Wälder ändern ihre Farbe von dunkel drohendem Schwarz in fruchtbares Grün. Fische springen aus den Flüssen, Bächen und Seen, um sich an den unzähligen Insekten zu laben. Die Bären fressen sich den Speck an, von dem sie den Winter lang zehren.

Freund oder Feind?
Ein neugieriger Schwarzbär

Ausgerüstet mit Zelten, Kanus, Schrotgewehren, Lebensmitteln und vielen weiteren Utensilien wollen wir uns der Herausforderung des Überlebens in dieser Wildnis stellen. Die Flinten sind zur Jagd und Selbstverteidigung vorgesehen. Zusätzlich sollen Angelruten für ausreichend Nahrung in der Pfanne sorgen.

Die Mengen für die Grundnahrungsmittel sind äußerst knapp bemessen, sodass von Beginn an streng portioniert werden muss. Das Mehl ist nur für das Backen von Sauerteigbrot geplant. Viele verschiedene Gewürze werden für geschmackliche Abwechslung sorgen, wenn der Jagd- oder Angelerfolg zu einseitig werden sollte. Zusätzlich dient uns Salz zur Konservierung verderblicher Lebensmittel. So werden wir zum Beispiel verschiedene Fischfilets nach Gravad-Art einige Tage haltbar machen und Fleisch pökeln.

Für den Abwechslungsreichtum der Landschaft sorgt eine Route, die uns entlang von Flüssen, stromab als auch stromauf, über Seen, durch Taiga und Tundra zum Herzstück unseres Abenteuers führen soll: zur Überschreitung des Ivishak-Passes.

Ungefähr so sehen meine Vorstellungen aus, als Christian, Niclas und ich am 8. Juli 2007 aus dem Auto unseres Freundes David Runfola steigen, der uns von Fairbanks über den Dalton Highway zum Jim River gebracht hat.

„Geh du gleich fischen, wir räumen in der Zwischenzeit das Auto aus." Christian weiß genau, dass ich nichts lieber tun würde als fischen! Der Jim River sieht so aus, wie ich mir Alaskas Bäche und Flüsse in meinen Träumen vorgestellt habe: In einem breiten, steinigen Flussbett windet sich kristallklares Wasser durch Tümpel und Stromschnellen. Die Ufer sind gesäumt von hellgrünen Büschen, über die man auf bräunlich-violette, riesig ausgedehnte Ebenen sieht, die von Fichtenwäldern, Hügeln und Bergen begrenzt werden.

Alle paar Minuten durchbricht eine nach Fliegen schnappende Äsche die glitzernde Wasseroberfläche. Für einen Fliegenfischer das Zeichen zum Loslegen. Ich habe einen Biss nach dem anderen, aber ich kann die Äschen einfach nicht haken. Man könnte meinen, ich kann mit der Fliege nicht umgehen – in den Salzburger Gewässern bin ich mit meiner Technik doch sehr erfolgreich! So entscheide ich mich, einen Blinker, ein rotes Metallplättchen mit Drillingshaken, zu testen. Ich werfe an exakt dieselbe Position, an der ich zuvor die vielen Bisse auf das Fliegenmuster hatte. „Zack" – schon zappelt die erste Äsche an der Leine.

Die weiteren Versuche sind nicht weniger erfolgreich: Jeder Wurf ein Fisch. Als ich ein paar der Salmoniden gefangen habe, überlasse ich die Rute den anderen. „Das ist ja fast schon fad, so leicht ist das!", denke ich. Insgeheim wurmt mich aber noch das Problem mit der Fliege ...

Somit hat uns der Jim River bereits heute, am ersten Tag, mit unzähligen Äschen zum Abendessen verwöhnt, die Zelte sind aufgestellt, der Sauerteig angesetzt, die Kanus aufgebaut. So sitze ich mit meinen Freunden in der Mitternachtssonne und trinke einen Schluck Whiskey. Genießen kann ich die Situation trotzdem nicht in vollem Maß: Die Moskitos sind lästig und zwingen mich zum Tragen des Insektennetzes, das über den Hut auf die Schultern herabhängt und das Gesicht vor Stichen schützt. Ich fühle mich sonderbar: Auf der einen Seite die unbeschreibliche Schönheit unberührter Natur, das überwältigende Gefühl grenzenloser Freiheit und euphorischer Tatendrang. Jetzt und hier kann ich tun und lassen, was ich will, ich bin autonom, habe ein Ziel vor Augen und Freunde, die den Weg dorthin mit mir beschreiten. Zum anderen bemerke ich, wie klein doch der Mensch ist, wenn er auf sich gestellt ist. Ich verspüre eine Angst, die ich in dieser Art noch nie zuvor in meinem Leben hatte: „Da draußen sind Bären. – Wir sind zu dritt, haben aber nur zwei Waffen! Nach zwei Schüssen muss nachgeladen werden. Wird dafür Zeit sein?" ...

Allgegenwärtig sind die Gedanken an die Gefahren in der Wildnis. Es gelingt mir nicht, die Angst vor Bären und Verletzungen zu verdrängen, und dies verhindert den vollen Genuss der Schönheit der Natur. Die Macht des Menschen schrumpft in der Natur, je weniger er auf Technologie und damit seine Waffen Zugriff hat. Der Kreislauf des Lebens und Sterbens ist ein grausamer. Sowohl hier, wie auf der ganzen Welt. In der Wildnis ist die Brutalität der Natur nur unmittelbarer als sonstwo, und der Mensch, der sich in den reichen Ländern dieser Welt aus der Grausamkeit dieses Kreislaufs ausgegliedert hat, gehört hier mit dazu. Fressen und gefressen werden.

Mit einem mulmigen Gefühl gehe ich – von hunderten Moskitos begleitet – schlafen. Um den Geruch von Essbarem nicht ins Zelt zu bringen, ziehen wir uns jedes Mal vor dem Schlafengehen um. Die Kleider, die wir am Tag tragen, werden gemeinsam mit sämtlichem anderen Hab und Gut unter eine Plane geschlagen, die mit Steinen und Ästen beschwert wird. Auch die Kochstelle decken wir wasserdicht ab. Beide Depots befinden sich in einem Sicherheitsabstand von mindestens fünfzig Meter vom Zelt entfernt.

Ein erster Tag der Lehre

Die Sonne strahlt kraftvoll durch die Zelthaut. Ich greife das eiskalte Gewehr und nehme es mit ins Freie. Der wolkenlose Himmel und die angenehme Temperatur verheißen einen herrlichen Tag. Die Moskitos arbeiten dem zwar kräftig entgegen, haben dank meiner Motivation aber keine Chance.

Da wir noch kein Brot gebacken haben, fällt das Frühstück spärlich aus. Doch der Tee, den wir jeden

In der Weite des Landes
Rast am Cutler River

Abend für das Frühstück in Thermoskannen abfüllen, tut gut.

Bei der Arbeit merke ich sofort, was mich in diesem Monat am meisten plagen wird: Meine Softshell-Jacke ist zu kurz, sodass sie sich nicht mit der Hose überlappt, die außerdem auch noch zu kurz ist. An und für sich, und vor allem zu Hause, wäre das kein Problem. Aber hier nützen die Moskitos jedes noch so kleine Loch in der dicken Kleidung, um an Blut zu kommen. T-Shirts und Flanellhemd helfen leider nicht gegen die Biester.

Der Jim River ist ein kleiner Fluss, der sich gemächlich durch eine Ebene schlängelt, die auf allen Seiten von Hügeln begrenzt ist. Gegen Südwesten fließt er in einem tiefen Canyon durch den Prospect Hill. An vielen Stellen lichtet sich die Uferböschung und lässt weite Sicht zu. Das Land zeigt sich in hellem Grün, überschleiert von den Violett-Tönen der blühenden Blumen. Nur die ausgedehnten Sümpfe zeugen an manchen Stellen von der winterlichen Unwirtlichkeit dieser Gegend. Aus ihnen räkeln sich verkrüppelte arktische Fichten, die ihre Wipfel gequält Richtung Boden neigen. Das glasklare Wasser fließt in einem Flussbett aus kleinen Steinen, deren Farbe zwischen Braun, Rot und Gold variiert. Der niedrige Wasserspiegel zwingt den Kanuten oft zum Aussteigen, weshalb der Jim River mühsam zu befahren ist. Die voll beladenen Boote sind schwer über die Untiefen zu schieben. Das schrille Geräusch des Bootes beim Auflaufen löst bei Nici und mir immer ein verzweifeltes „Ach" aus. Zu sehr freuen wir uns schon auf das schnelle Vorwärtskommen in tieferem Gewässer und wilden Strömungen des Canyons.

Bereits gestern haben wir uns für das heutige Mittagessen Äschenfilets gebraten und etwas Reis aufbewahrt. Diese Vorgangsweise stellt sich als sehr praktisch heraus: Zu Mittag machen wir nur kurz halt und genießen die kalte Kost vom Vortag. So verlieren wir keine Zeit mit Holzhacken, Feuermachen, Kochgeschirr-Auspacken und dergleichen und kommen schnell voran. Die Nahrungszubereitung ist in der Wildnis sehr zeit- und kraftraubend!

Gegen Abend finden wir eine zirka fünfzig Meter breite Schotterbank als Zeltplatz. Sie ist auf der flussabgewandten Seite von dichtem Buschwerk flankiert, aus dem vereinzelt arktische Fichten emporragen. Auf der anderen Seite bildet der Fluss einen großen Tümpel, der einiges an Fisch verspricht. Trockengelegtes Treibholz und große Steine bilden die Grundlage für ein gutes Kochfeuer. Für die Wahl des geeigneten Zeltplatzes ist außerdem eine ebene Fläche wichtig, die nicht zu nah

Einladende Wildnis
Redstone River

Stromaufwärts

an der Kochstelle liegen sollte. Diese Kriterien prüfen wir immer, bevor wir uns für einen Lagerplatz entscheiden. Gemeinsam laden wir die Boote aus und tragen sie aufs Festland.

Nach den anstrengenden Kilometern am Fluss beginnt jetzt erst die tatsächliche Arbeit! Niclas baut die Zelte auf, Christian versucht sich an der Angelrute, und ich bereite die Kochstelle für die Zubereitung von Bannok-Broten, Reis und Äschen vor. Mit voller Konzentration auf das Hacken bemerke ich die Ente nicht, die schnatternd über uns hinwegfliegt und am oberen Ende des Tümpels einstreicht. „Ssschtt – Ente", pfeift mir Christian zu. Ich lade die Waffe und laufe gebückt los.

Vorsichtig schleiche ich ans Flussufer vor. Der Wasservogel hat mich noch nicht bemerkt, die Distanz ist aber grenzwertig. Ich lege an, halte das Opfer exakt im Visier und drücke ab.

„Quak, Quak, Quak" – schnatternd fliegt die Ente davon, ich habe sie verfehlt.

Enttäuscht mache ich kehrt und bereite den Reis zu. Christian hat in der Zwischenzeit schon mehrere Fische gefangen, geschuppt und ausgenommen. Nach Behandlung mit Salz, Pfeffer und getrockneter Petersilie geht es ab in die Pfanne. Nach einer halben Stunde des Bratens und Wendens teile ich die Äschen auf drei Schüsseln auf. Ebenso verfahre ich mit dem Reis. Um ungerechter Aufteilung der Mahlzeiten und sich daraus ergebendem Futterneid entgegenzuwirken, werden die Schüsseln verlost. Das passiert nach folgendem, von uns allen als gerecht empfundenem Verfahren: Ich gebe den Schüsseln Nummern zwischen eins und drei, die ich Christian zeige, wobei Niclas nicht zusehen darf. Nici nennt dann eine Ziffer und erhält die zugehörige Schüssel. Das Gleiche noch einmal für Christian, wobei nun Niclas mein Tun überwacht.

Selbstverständlich wechseln wir uns mit dem Nummerieren und Raten ab. Es ist unmöglich, die Portionen exakt gleich groß zu machen, weshalb es normalerweise einen „Sieger" gibt.

Nachdem ich die am besten gefüllte Schüssel zugelost bekommen habe, freue ich mich schon über meinen Erfolg. Doch es kommt anders: Leider habe ich die Äschen zu kurz angebraten. Wir müssen feststellen, dass roher Fisch keinem von uns bekommt, und so ist heute ausnahmsweise der mit der kleinsten Portion der Gewinner. Allerdings haben wir zu diesem Zeitpunkt noch nicht so großen Hunger, und der verwöhnte Geschmackssinn ist noch nicht enthemmt, wie wir es später noch erleben werden. Um meinen Fauxpas wieder gut zu machen, backe ich Bannok-Brote. Während die Laibe in der Pfanne braten, reinige ich die Waffe. Kaum ist die Flinte zerlegt, sehe ich im Dickicht hinter mir Büsche wackeln und Äste brechen. In gleichmäßigem Takt hört man das Stampfen eines gewaltigen Tiers. Christian lädt seine Waffe, während ich meine zusammenbaue. Trotz hundertmaliger Übung war ich beim Grundwehrdienst sicher nie so schnell wie jetzt. Ich schiebe Flintenlaufgeschosse in beide Läufe und halte nach dem abendlichen Besucher Ausschau. Den Kolben am Oberschenkel aufgelegt, stehen Christian und ich neben der Kochstelle, während sich das Wild immer näher zu unseren Zelten bewegt. Dann verhält es sich – wie wir – eine endlose Minute lang ruhig. Voller Spannung erwarten wir seine nächste Handlung.

Plötzlich kracht es wieder im Unterholz. Zu meiner Erleichterung entfernt sich das Tier mit schnellen Schritten, bis wieder Ruhe einkehrt. Einerseits bin ich froh, dass es erst gar nicht zu einer brenzligen Situation gekommen ist. Andererseits hätte ich mein erstes Großwild doch gern gesehen!

Aber unser Weg ist noch weit, und viele mächtige Wildtiere werden diesen noch kreuzen. Daher kann eine kleine Übung im Umgang mit der Flinte nicht schaden.

Im Jim River Canyon

Leise und ruhig trägt uns das Wasser an das Tier heran. Kein Laut übertönt das Rauschen der schnellen Strömung, die sich an großen Steinen aufteilt, um sich später wieder in großen Tümpeln zu sammeln. Der Wald reicht bis an das steil abfallende Ufer und lässt seine Bäume und deren Äste weit über das Gewässer hängen. Auf einem solchen Ast sitzt er: Der Weißkopf-Seeadler hat uns noch nicht bemerkt. Bis auf fünf Meter trägt uns der Fluss an den Wappenvogel der Vereinigten Staaten von Amerika heran. Dann steigt der majestätische Greifvogel langsam mit kräftigen Flügelschlägen in den Himmel auf, um dort elegant seine Kreise zu ziehen.

Langsam erheben sich neben uns die steilen Flanken des Jim River Canyon. Auf der gut fünfzig Jahre alten Karte, die in diesem Bereich trotzdem noch exakt stimmen dürfte, drängen sich die Höhenschichtlinien eng aneinander. Das bedeutet steiles Gefälle und macht uns ob der erwarteten Stromschnellen einige Sorgen.

Die Fließgeschwindigkeit des Flusses steigt nur wenig, auch die Anzahl der schwierig zu befahrenden Abschnitte hält sich in Grenzen. Des Öfteren dreht sich das ganze Kanu in der Strömung, Nici schafft es aber immer, das Boot durch geschickte Manöver wieder auszurichten. Unsere Boote sind sehr wendig und dadurch für Wildwasserfahrten gut geeignet. Da der Vordermann die Ausrichtung des Bootes durch seine Paddelschläge schlecht beeinflussen kann, haben wir uns die Arbeit aufgeteilt: Vorn sitze ich und versuche uns mit kräftigen Zügen voranzubringen. Niclas korrigiert hinten sitzend die Ausrichtung des Kanus und hält uns in Richtung. Je länger wir so paddeln, desto besser können wir unseren Rhythmus aufeinander abstimmen und uns effizient fortbewegen.

Wir werden uns in unserer Sache immer sicherer und finden Spaß am Kanufahren. Lästig sind nur das oft notwendige Aussteigen und Schieben beziehungsweise Tragen des Bootes bei Untiefen.

Christian, der mit diesem Boot bereits einige Erfahrungen sammeln konnte, hat sich bereit erklärt, die ersten paar Tage allein im Kanu zu fahren. Er kommt gut damit zurecht und ist meistens sogar vor uns. Wir machen es zum Wettspiel zu versuchen, bestimmte Stromschnellen, Untiefen und Ähnliches ohne Aussteigen zu meistern, und nehmen dafür größeres Risiko in Kauf.

Wieder einmal paddeln wir in einem großen Tümpel, auf dessen Ausfluss wir nun zutreiben. Ein mäch-

Abendstimmung
Lager am Kobuk

tiger rötlicher Felsblock zu unserer Rechten mahnt zur Vorsicht. Wir können den weiteren Flussverlauf aber noch nicht einsehen. Kurz vor dem Übergang ins Gefälle erkenne ich eine lang gezogene Stromschnelle, die mit hoher Geschwindigkeit tosend in den nächsten Tümpel führt. Christian ist vor uns und bereits aus dem Boot ausgestiegen, um es durch die reißende Strömung zu ziehen.

„Versuchen wir's?", rufe ich nach hinten.

„Passt!", erwidert Niclas, der immer für etwas Action im Kanu zu haben ist. Schon werden wir vom rauschenden Wasser angeschoben.

Beim Kentern geht alles so schnell, dass man im Nachhinein gar nicht weiß, wie das wirklich passiert ist. Ich bin vollständig unter Wasser, das Boot liegt verkehrt auf mir. Die überraschende Kälte verursacht Panik in mir. In meiner rechten Hand halte ich – Gott sei Dank – immer noch das Paddel, mit der anderen klammere ich mich an die Sitzbank. Energisch stoße ich mich hoch und drücke mich gegen das Kanu, um es wieder umzudrehen. Niclas stemmt sich bereits gegen das Boot, er ist am Oberkörper nicht nass geworden und hat die Situation so gut wie möglich unter Kontrolle. Mit vereinten Kräften drehen wir das Kanu auf die Seite, das Wasser schießt ins Boot und hindert uns daran, es umzudrehen. Wir ziehen es ins Seichte und schaffen es schlussendlich doch. Alle Packsäcke, die Waffe und die Angelruten haben wir mit Reepschnüren und Karabinern gesichert, wir haben nichts verloren. Kentern ist immer unangenehm, in diesem Fall aber glimpflich ausgegangen. Der Vorfall ist uns peinlich, und wir möchten ihn sofort vergessen. Ohne ein weiteres Wort steigen wir ein und versuchen, zu Christian aufzuschließen. Dieser wartet bereits auf einer Sandbank und gibt uns etwas zu trinken. Wir lassen uns nichts anmerken und erwähnen mit keinem Wort unser Missgeschick.

Die durchnässte Kleidung lässt mich frösteln, aber mein Stolz lässt keine Pause zum Umziehen zu. Wir paddeln weiter, verlassen den Canyon und finden einen Seitenarm des Jim River, von dem wir uns eine Abkürzung versprechen. Hätten wir vorher gewusst, dass dort Myriaden von lästigen Moskitos ihr Unwesen treiben, dann hätten wir einen Umweg gern in Kauf genommen. Der Seitenarm führt wenig Wasser, und wir müssen oft aussteigen, um das Boot über Untiefen zu schieben. Dadurch sind wir den unzähligen Blutsaugern noch länger ausgeliefert. Die Insekten sitzen so dicht auf dem Moskitonetz an meinem Hut, dass sie mir sogar die Sicht verdecken! Unsere Jubelrufe erklingen laut, als wir diesen Kanal endlich hinter uns lassen können. Der Jim River hat sein klares Wasser mittlerweile mit der schwarzen, schaumigen Brühe aus den angrenzenden Sümpfen vermischt und eine grünlich trübe Farbe angenommen.

Gegen Abend erreichen wir die Mündung des Jim River in den South Fork Koyukuk. Beide Flüsse sind ungefähr gleich groß, der South Fork führt jedoch wesentlich klareres Wasser. In einer lang gezogenen Rechtskurve fließt er gemächlich durch die Ebene. An der Außenseite

Stromschnellen
Kobuk River

Unberührte Schönheit
Im Noatak Tal

schmiegt sich eine breite, ausgedehnte Sandbank an das Uferdickicht, das der Jim River plötzlich und unerwartet durchbricht: Er rauscht über eine große Walze hinunter, um seine schmutzige Brühe schäumend in seinen Weggefährten zu ergießen. In Alaska kann sich der Wasserspiegel eines Flusses sehr schnell ändern. Deshalb sollte man flache Inseln als Zeltplätze meiden und das Lager ausreichend hoch über dem Wasserspiegel errichten. Zudem sollten die Boote über Nacht immer angebunden sein. Nicht einmal große Entfernung oder Bewuchs garantieren Schutz vor dem Wasser: An Engstellen von Flussschleifen brechen die Wassermassen oft mitten durch den Wald.

Als es zu regnen beginnt, bauen wir auf der Sandbank das Lager auf. Am Speiseplan steht zum fünften Mal in Folge Grayling, diesmal allerdings als Risotto. Unser Hunger erlaubt keine Mäkelei und kein Zieren: Gierig schlingen wir den Brei hinunter. Nach getaner Lagerarbeit ist es wieder einmal fast Mitternacht, bis wir bei Tageshelligkeit in die Zelte kriechen. Der Regen prasselt rhythmisch auf die Zelthaut und regt zum Nachdenken an. Ich bin zufrieden und überwältigt von den Erlebnissen und Erfahrungen, die ich in den letzten Tagen machen durfte. Nur der knurrende Magen und die Vorfreude auf das morgige Frühstück verzögern das Einschlafen.

Futtervorrat
Getrockneter Fisch

Häufig am Speiseplan
Äschen

Fisch! Fisch! Fisch!

Christoph Gruber

Alaska ohne Angeln – niemand, der dieses Land kennt, kann sich das vorstellen. Was in Österreich und Deutschland der Fußball, ist für die Alaskaner das Fischen. So wird zum Beispiel in sämtlichen Medien, wie Rundfunk und Zeitungen, der Lachsaufstieg angekündigt. Jeder Alaskaner kann zum Thema Lachs eine Geschichte erzählen. Viele Touristen fliegen dorthin, nur um den Fischreichtum zu genießen!

Welcher Junge träumt nicht vom Angeln in unberührter Wildnis, an wilden Flüssen und Seen? Spätestens wenn man die großen Abenteuergeschichten liest oder als Film sieht, verspürt man dieses Bedürfnis. Im folgenden Kapitel schildere ich einige Angelerlebnisse, an die ich mich sehr gern erinnere.

Hechte – Räuber der trüben Brühen

Der South Fork Koyukuk schlängelt sich in riesigen Schleifen durch eine ausgedehnte Sumpfebene. Dicht an dicht stehende Bäume an beiden Ufern verdecken die Sicht auf die umliegenden Berge. Der Fluss wird oft von natürlichen Hindernissen zu lang gezogenen Seen aufgestaut, sodass man nur langsam vorankommt. Besonders wenn man allein im Kanu fährt, ist das Paddeln aufgrund der langsamen Fließgeschwindigkeit sehr anstrengend.

Da wir für das Abendessen weder Fleisch noch Fisch ergattern konnten, machen wir an aussichtsreichen Stellen immer wieder halt. Einige Male sehen wir Enten mit Jungen, die wir aus Gründen der Waidgerechtigkeit jedoch verschonen. Hie und da entdecken wir Gänse, die auf Sandbänken umherwatscheln. Die wachsamen Tiere schaffen es aber immer, uns bereits in den Booten auf dem Wasser wahrzunehmen, sodass wir keine Chance haben, uns anzupirschen. Da Gänse in der Mauser nicht fliegen können, müssen sie in den ufernahen Büschen Unterschlupf suchen. Doch ohne großen Zeitaufwand sind die Tiere in diesen Verstecken nur mit einer ordentlichen Portion Glück zu finden.

Also hoffen wir auf Erfolg beim Fischen. Das gemächlich fließende, grüntrübe Wasser mit seinen vielen Hindernissen, Wurzeln und Schlamm bietet speziell dem Hecht den perfekten Lebensraum. Oft stemmen sich tote, am Grund verankerte Baumstämme, sogenannte Deadheads, gegen die Strömung, oder es werden ganze Bäume unterspült, sodass sie sich quer über das Flussbett neigen – der Alaskaner nennt sie Sweeper. Immer wieder werfen wir in der Nähe von Zuflüssen, markanten Wurzeln und Deadheads die Angeln aus. Oft sieht man bereits vom Boot aus die auf Beute lauernden Hechte in ihren Verstecken am Grund des Flusses. Ein goldener Spinner, langsam, aber ruckartig geführt, verleitet schließlich einen Hecht zum Angriff. Ich führe den Köder so nah am Boot, dass ich den Räuber beim Biss beobachten kann. Blitzschnell schießt er aus der Deckung und schnappt aggressiv nach dem vermeintlichen Opfer. Durch einen kräftigen Ruck mit der Angelrute setze ich den Haken – der Kampf beginnt. Nachdem der Hecht einige Meter Schnur von der Rolle gezogen hat, springt er aus dem Wasser und schüttelt wild das Haupt. Immer wieder lässt sich der Fisch in Richtung Kanu ziehen, bevor er mit kräftigen Flossenschlägen wieder flüchtet. Doch nach wenigen Minuten harten Drills ist der Hecht erschöpft, und Niclas hilft mir, ihn zu landen. Beide freuen wir uns auf die ausgiebige Mahlzeit.

„Was ist denn das für ein Schwanzerl?“, spottet Christian, um mich ein wenig zu ärgern, obwohl er selbst noch nichts gefangen hat. Eine gewisse Rivalität spornt uns gegenseitig an. Von nun an lautet das Tagesziel: „Fange einen größeren Fisch als deine Kameraden!“ Ein wenig Ehrgeiz kann nie schaden. Um eines unserer Prinzipien nicht zu verletzen, töten wir trotzdem nie mehr Fische, als wir essen können.

Gegen Nachmittag ziehen schwarze Wolken auf, es beginnt sintflutartig zu regnen. Plötzlich ist es dunkel wie in der Nacht. Blitze schlagen in nächster Nähe ein, Windböen bringen unsere Kanus vom Kurs ab. Der

Stumme Zeugen
Am Oberlauf des Redstone

Biberburg
Redstone River

Regen prasselt dermaßen laut nieder, dass man sein eigenes Wort nicht versteht. Seltsamerweise motiviert mich diese Weltuntergangsstimmung zusätzlich, und meine Paddelschläge werden kraftvoller. Es klingt verrückt, aber ich fühle mich wohl, stark und ein wenig heldenmutig, wie ich mich gegen Wind und Wetter ins Zeug lege. Tatsächlich kann man einem solchen Unwetter nichts Positives abgewinnen, sogar die Moskitos werden aggressiver. Die Chancen auf Jagd- oder Angelglück verschlechtern sich drastisch. Das Wild, die Vögel, sogar die Fische – sie alle verstecken und verkriechen sich bei diesen Bedingungen. Als der Himmel plötzlich heller wird und es zu hageln beginnt, schwindet auch mein Heldenmut. Eigentlich ist es längst Zeit zum Anlegen.

„Was sollen wir tun?", rufe ich zu Christian.

„Fahren wir weiter, bis der Spaß vorbei ist. Feuer machen und Lager aufschlagen hätte jetzt auch keinen Sinn", meint er, und ich gebe ihm recht. So schnell, wie der Hagel gekommen ist, so schnell verschwindet er und macht leichtem Regen Platz.

Als wir am Abend einen Zeltplatz einrichten, können wir am Himmel ein prächtiges Naturschauspiel bewundern. Durch ein kleines Loch in der Wolkendecke strahlt die Sonne auf die Regenwolken, sodass zwei unglaublich kräftige Regenbögen sichtbar werden. Die Büsche und Wälder leuchten in einem seltsamen, intensiven Grün und heben sich ungewohnt stark vom Himmel ab. Die ganze Landschaft wirkt unwirklich, man glaubt, in einem Film zu sein.

Nachdem wir diesen Moment genossen haben, widmen wir uns den abendlichen Tätigkeiten. Um trockenes Holz für das Feuer zu bekommen, zersägen wir dicke Treibholzstämme und hacken Scheiter aus der trockenen Mitte. Der Hecht muss filetiert und gebraten werden. Christian kennt eine tolle Zubereitungsart, die den Fisch zu einer Delikatesse macht. Obwohl Europäer an und für sich als heikel gelten, ist Hecht eine beliebte Speise. Die Indianer leben jedoch in derart großem Fischreichtum, dass der „Northern Pike" als Hundefutter Verwendung findet. Schließlich können die Alaskaner, was Nahrung betrifft, aus dem Vollen schöpfen: Wenn Fisch am Speiseplan steht, werden Lachs, Äsche, Forelle, Saibling und Burbot bevorzugt. Getötet wird der Hecht aber trotzdem, weil er die Bestände beliebterer Speisefische oft stark dezimiert und in nahezu jedem Gewässer überleben kann.

Am vierzehnten Juli erreichen wir den Hauptarm des Koyukuk und schlagen unser Lager an einer Stelle auf, an der Christoph und Christian bereits vor vier Jahren kampierten. Die Mündung des Henshaw Creek verspricht ausgezeichnete Chancen auf Fisch. Vor vier Jahren hatten die beiden aufgrund des damaligen Hochwassers keinen Erfolg. Heute geht es aber richtig rund: Christian erspäht bereits vom Ufer aus einen großen Hecht. Einladend führt er den Blinker an dem Räuber vorbei, der sofort attackiert und gierig zuschnappt. Der Fisch reißt heftig an der Leine, schüttelt das Haupt und rast wild umher. Zu guter Letzt kann er sich aber mit einem spektakulären Sprung befreien. Den großen Hecht bekommen wir an diesem Abend nicht mehr zu sehen, aber mehrere von durchschnittlicher Größe füllen unsere Töpfe und befriedigen (beinah) unseren Angeleifer.

Lake Trouts am Walker Lake

Wieder einmal beglückt uns Alaska mit strahlendem Sonnenschein. Der Walker Lake ist ein wunderschöner großer See, der zwischen den schroffen Gipfeln der Brooks Range in der Gegend der Arrigetch Peaks ein ganzes Tal ausfüllt. Sein Wasser ist so klar, dass man bis in fünf Meter Tiefe tadellos sehen kann. Von Himmelblau in dunkles Marineblau übergehend, fallen die Ufer steil in die Tiefe ab. Dunkelgrüne Fichtenwälder bedecken die Flanken der Berge, die über der Waldgrenze von ockerfarbenen Grashängen wie verschleiert bedeckt sind. Im Norden erkennt man hohe, von ewigem Eis bedeckte Felszacken, die den Hauptkamm der Brooks Range bilden.

Gegen Süden öffnet sich das Tal und mündet in ein breiteres, dessen Sohle der Kobuk River durchfließt. Der See verliert an Tiefe, die Wälder machen dicht an dicht stehenden Büschen mit vereinzelten Fichten Platz. Dünn bewaldete Buchten bieten gute Zeltplätze und verwöhnen den Abenteurer mit geschmackvollen Beeren. An ihrem Abschluss fallen die Buchten an felsenzerklüfteten Ufern steil in den See und bieten hervorragende Angelplätze. Wir beschließen, einige Tage zu bleiben und uns auf die Nahrungsbeschaffung zu konzentrieren. Andere Abenteurer haben uns in Allakaket von mäßigem Angelerfolg erzählt: „Wir haben zu zweit in drei Tagen nur einen Hecht und eine Seeforelle gefangen." Die Einheimischen hingegen schwärmen von einem der besten Seeforellengewässer von Alaska.

Nach Einrichtung des Lagers machen wir uns, ausgerüstet mit Spinnruten, auf den Weg zum Steilufer.

Abend am Fluss
Kobuk River

Christian und Niclas verwenden große schwere Blinker, ich habe einen kleinen Forellenspinner montiert. Durch mehrere Stopps beim Einkurbeln versuchen wir den Köder tief zu führen, denn nur in den Tiefen fängt man große Seeforellen. Vorerst beißt aber nichts. Durch kräftigere Würfe versuche ich meinen leichten Köder weiter auszuwerfen. Leider endet diese Taktik mit einem Rutenbruch. Ich kehre zum Lager zurück, um sie zu reparieren. Als Christian und Niclas später ebenfalls am Zeltplatz ankommen, bringen sie eine gut ein Kilo schwere Seeforelle mit. Aus Erzählungen der Einheimischen wissen wir jedoch von Lake-Trouts mit zwanzig Kilo und mehr. Alles Fischerlatein? Oder hat Christian tatsächlich nur eine „Kleinere" erwischt? Wir zerlegen und filetieren die Beute, deren kräftig orangefarbenes Fleisch unseren Appetit weckt. Die Seeforelle schmeckt besser als alles, was wir bisher gegessen haben!

Am nächsten Tag paddle ich allein auf den See hinaus und lasse einen großen, schweren Blinker in der Tiefe tanzen. Die Zeit vergeht, nichts rührt sich. Wolken ziehen auf, der Wind wird stärker, es beginnt zu nieseln. Immer wieder muss ich Richtung Ufer zurückrudern, weil mich der Wind auf den See hinaus treibt. Obwohl noch nichts gebissen hat, genieße ich das Fischen. Nahezu automatisch gehen das Auswerfen und langsame Einholen vonstatten. Die Ruhe und die überwältigende Natur beeindrucken mich tief. Im Norden erkennt man den Mount Igikpak und seine Gletscher sowie die schroffen Gipfel in seiner Umgebung. Der Nieselregen ist nur von kurzer Dauer gewesen, die Wolken lichten sich. Ein Regenbogen malt ein beinahe kitschiges Bild – da reißt es plötzlich an meiner Leine. Ich versuche sofort anzuschlagen, aber zwecklos: Die Ratsche singt bereits in höchsten Tönen.

Vorsichtig drehe ich die Bremse Klick für Klick fester. Wilde Stöße und Rüttler biegen die Rutenspitze des Öfteren bis unter die Wasseroberfläche. Der kräftige Fisch nimmt mehr und mehr Schnur von meiner Rolle. Ich muss die Bremse fester stellen, um zu verhindern, dass mir die Leine ausgeht. Sie darf aber auch nicht allzu straff angezogen sein, weil die Schnur sonst reißen könnte. An die siebzig Meter habe ich bereits freigegeben, aber die Leine zeigt immer noch nahezu senkrecht nach unten. Wieder und wieder pumpe ich den Fisch einige Meter nach oben, worauf er jedes Mal mit einer stürmischen Flucht reagiert. Noch nie hatte ich einen so ausdauernden und kraftvollen Gegner an der Angel. Nach zwanzig Minuten hin und her habe ich ihn auf Sichtweite herangebracht: Eine große Seeforelle windet sich am Ende der Schnur. Als ich sie fast bis an den Bootsrand gedrillt habe, flüchtet sie noch ein paar Mal, wird aber schnell müde. Da wir keinen Kescher dabei haben, muss ich sie mittels Kiemengriff in das Boot heben. Hektisch zerlege ich das Paddel, um die Forelle mit einem festen Schlag zu töten.

Stolz fahre ich zurück zum Ufer, dieses Prachtexemplar muss ich sofort meinen Freunden zeigen. Christian staunt nicht schlecht, als er den großen Fisch sieht. Von den zwanzig Kilo ist er immer noch weit entfernt, aber auf fünf dürfte er schon kommen. „Neunzig Zentimeter, aber ein bisserl ein Hungerhaken", fällt ihm sofort auf. Seine Bezeichnung trifft zu meinem Leidwesen leider ziemlich gut: Die Forelle hat einen schlanken Körper, dafür aber einen überdimensional großen Kopf, der vom hohen Alter des Fisches zeugt.

Motiviert durch meinen tollen Fang, werfen wir uns die restliche Zeit am Walker Lake so richtig ins Zeug. Wir fangen unglaublich viele Seeforellen, wobei hauptsächlich zwei Köder fängig sind: Zum einen eine Fischleber, die wir vom Ufer aus an tiefen Stellen auf Grund auslegen, zum anderen ein großer, schwerer Blinker, den wir vom Boot aus tief hinab lassen und daran leicht zupfen.

Der Walker Lake war das großartigste Angelerlebnis meines Lebens und wird vermutlich lange Zeit ungeschlagen bleiben. Wir haben dermaßen viele Fische gefangen, dass wir unsere ganze Kreativität beim Weiterverarbeiten abrufen müssen: Ein Teil wird nach Gravad-Art behandelt und so kurzfristig haltbar gemacht. Den Rest, den wir nicht vor Ort und frisch verspeist haben, behandeln wir mit Salz und hängen ihn auf ein Trockengestell, das wir zum Weiterfahren am Boot montieren.

Schweren Herzens bauen wir das Lager am Walker Lake ab und paddeln Richtung Ausfluss.

Der beste Sheefish-Spot der Welt

Unser nächstes großes Fischereiabenteuer erwartet uns an der Mündung des Pah River in den Kobuk, bekannt als bester Sheefish-Spot der Welt. Wir haben etliche Flusskilometer auf dem Kobuk River zurückgelegt, der uns mit starker Strömung ein schnelles Weiterkommen ermöglicht. Nach den Kobuk Canyons stimmt die nahezu fünfzig Jahre alte Karte leider nicht mehr mit dem tatsächlichen Flussverlauf überein. Wir entscheiden uns, bis zum nächsten Punkt, den wir auch auf der

Karte identifizieren können, weiterzufahren. So kommt es, dass wir bis spät in die Nacht paddeln und schließlich den Pah River erreichen.

Der Sheefish ist eine Conegonenart, vom Äußeren ähnlich der österreichischen Renke, nur um Dimensionen größer. Bevor wir in die Wildnis gebracht wurden, hatte uns ein Alaskaner in Fairbanks ein Bild gezeigt. Darauf war eine Indianerin zu sehen, die mit beiden Händen einen Sheefish in die Höhe stemmte, der gleich groß war wie sie selbst. „She might have been small, but anyway, the fish is huge." Gefangen hatte sie den Rekordfisch nahe der Stelle, an der wir eben ankommen.

Christian packt wie üblich sofort der „Angeltrieb", da will ich natürlich nicht untätig bleiben. Wir ziehen Schuhe, Socken und Hosen aus und waten in den Fluss. Nach einer halben Stunde stehen wir bis zur Unterhose im Wasser. Da ruft Christian plötzlich überglücklich: „Ich hab' einen!" Wir staunen nicht schlecht, als sich seine Rute ordentlich durchbiegt und ein gewaltig großer Fisch die Wasseroberfläche durchbricht. Doch leider kann sich der Sheefish, so überraschend er angebissen hat, auch wieder befreien. Zum einen sind wir enttäuscht, weil wir noch kein Abendessen haben, zum anderen motiviert, selbst so einen Riesen zu fangen. Zwei Stunden lang angeln wir weiter – noch zwei Mal rüttelt es ordentlich an Christians Angel. Um ein Uhr nachts geben wir schließlich auf und gehen ohne Abendessen ins Bett – eine wahre Qual nach so einem anstrengenden Tag!

Am nächsten Morgen beschließen wir beim Frühstück, nicht weiterzufahren und stattdessen zu versuchen, einen Sheefish zu fangen. Wir wollen einfach nicht aufgeben und die beste Sheefish-Stelle der Welt erfolglos verlassen. So machen wir uns wieder ans Angeln. Nach zwei langweiligen Stunden montiere ich einen für diese Riesen eigentlich viel zu kleinen Spinner und fische das Ufer ab. Da spüre ich einen sanften Zupfer an der Leine und schlage sofort an. „Nur nicht schon wieder verlieren", ist mein einziger Gedanke während des gesamten Drills. Konzentriert versuche ich, die Schnur stark gespannt zu halten und die Rute passend auszurichten. Nach nicht einmal fünf Minuten müssen mir meine beiden Freunde beim Landen unseres ersten Sheefish helfen. Christian holt sofort das Maßband und versucht mich zu necken: „Fünfundachtzig Zentimeter, da hatte ich wohl gestern seinen Papi an der Angel."

„Bring Papi erst mal an Land, dann reden wir weiter!", lache ich. Eine brüderliche Rivalität begleitet uns,

Unser verlässlicher Partner …

seit wir uns kennen. Tatsächlich landet er sechs Stunden später – und bis über beide Ohren grinsend – einen größeren Sheefish. „Papi“ ist einen Meter lang, und beim Abendessen fällt es uns zu dritt nicht leicht, den ganzen Fisch zu verdrücken. Dennoch ist die Bilanz – für Alaska – nicht berauschend: Drei Männer fischen mehr als einen Tag lang und fangen zwei Fische. „Wenn das ein toller Spot ist – wie schwer muss es dann woanders sein, einen Sheefish zu fangen?“, bemerkt Nici, der heute leer ausgegangen ist.

Am nächsten Tag machen wir uns wieder auf den Weg und paddeln am Kobuk River stromabwärts. Nach einer Stromschnelle machen wir halt, um die Reste des Sheefish als Mittagessen zu verspeisen. Dabei bemerken wir auffallend viele Fische, die nach auf der Wasseroberfläche treibenden Insekten schnappen. Niclas bereitet seine Angel vor und wirft einen großen Blinker aus. Kaum ist der Köder im Wasser, biegt sich seine Rute durch, und Nici drillt einen gewaltigen Sheefish an Land. Christian und ich trauen unseren Augen nicht – das müssen wir auch versuchen. Tatsächlich fängt man hier mit jedem Wurf einen Fisch, der gewiss länger als einen Meter ist. Nachdem bereits Niclas' Exemplar für das heutige Abend- und das morgige Mittagessen ausreicht, setzen Christian und ich die Salmoniden zurück ins Wasser und machen uns ein wenig verärgert auf den Weg. Den ganzen gestrigen Tag haben wir damit vergeudet zwei Fische zu fangen, was wir hier in zehn Minuten erledigt hätten. Offenbar waren wir um ein paar Tage zu früh am Pah River, die zum Laichen aufsteigenden Sheefische (auch Weißlachse genannt) hatten ihr Ziel noch nicht erreicht.

Mitten im Abenteuer

Christoph Gruber

Das große Abenteuer – so sehr habe ich mich darauf gefreut. Es besteht aber nicht nur aus positiven Erlebnissen. Im Gegenteil: Meistens sind es die negativen, die man im Augenblick am intensivsten spürt und sich am besten merkt. Oft erkennt man erst im Nachhinein die gute Seite. Solche Erlebnisse, in denen ich „mitten im Abenteuer" war, schildere ich in diesem Kapitel.

Am Lake Minakokosa

Mit aller Kraft reiße ich das Paddel durch das Wasser und versuche das Boot auszurichten. Niclas sitzt vor mir und gibt ebenso alles, der Fluss darf uns an dieser Stelle nicht vorbeitragen! Gegen die Gewalt des Kobuk River kommen wir nur mit äußerster Kraft an. Als uns die Strömung des Beaver Creek eine Breitseite verpasst, passiert das Unvermeidliche: Wir kentern. Kaltes Wasser schießt in meine Nase. Es dringt durch Hose, Jacke und Hemd – bis auf die Haut. Die schwere Kleidung zieht mich nach unten, während mich die kräftige Strömung des Kobuk hin und her wirft. Mit aller Kraft halte ich meine Hände geschlossen: in der einen das umgedrehte Boot, in der anderen das Paddel. Nach Grund suchend, rudere ich mit den Beinen, während die Schwimmweste meinen Kopf wieder über die Wasseroberfläche hebt. Nach einigen gierigen Atemzügen finde ich Stand auf einer Sandbank und sehe Niclas vor mir aus dem Wasser schießen und nach Luft schnappen. Wild ziehen wir gemeinsam am Boot, um es umzudrehen. Die Packsäcke waren allesamt gesichert und sind demnach an ihrem Ort. Doch anderes fehlt. Als wir sehen, was wir verloren haben, muss ich unweigerlich fluchen: Die Waffe und unsere letzte, vollständig intakte Angelrute sind fort! Wir ziehen das Boot ans Ufer, während Christian in seinem Boot die verhängnis-

... das Grabner Outside
Walker Lake

volle Stelle dank seiner Erfahrung als Kanute bravourös meistert. Niclas und ich waten mit komplett durchnässter Kleidung noch einmal ins Wasser, um vor allem das Gewehr zu finden. Durch die vielen Wirbel und Wellen kann man von der Sandbank aus nur selten bis auf den Grund sehen, und das immer nur für kurze Zeit. Dennoch erspäht Nici die Waffe im Wasser: „Sie liegt am Grund, ungefähr zwei Meter tief, wir müssen sie schnell herauftauchen!" Wir gehen an Land und ziehen unsere Schwimmwesten aus.

Da meine Kleider ohnehin komplett durchnässt sind, lege ich sie auch ab, während sich Niclas zum ersten Versuch aufmacht. In voller Montur wirft er sich kopfüber in die Strömung und taucht ab. Schon nach kurzer Zeit taucht er wieder auf, ringt nach Luft, rudert wild mit den Armen und kann sich kaum über Wasser halten. Entsetzen steht ihm ins Gesicht geschrieben. Mit letzter Kraft kann er sich gerade noch auf die Sandbank retten. Da stehe ich bereits nackt neben ihm im Wasser. „Mit der Kleidung hast du hier keine Chance, da musst du aufpassen, dass du nicht selbst untergehst!", stellt er fest und zieht sich knieschlotternd sein Gewand aus. Auch Christian macht sich zum Tauchen bereit, und wir werfen uns abwechselnd ins Wasser, um die wichtigen Utensilien zu bergen. Schließlich erwischt er die Waffe und bei einem weiteren Versuch sogar die etwas stromabwärts liegende Angel.

Das ist nun schon das zweite Mal, dass wir kentern. Zum Glück geht auch diesmal alles glimpflich aus. Einziges Opfer ist meine Kompakt-Digitalkamera. Ich habe mich schon nach dem ersten Kentern immer wieder gefragt, ob es denn meine Schuld war. Ein Unfall dieser Art ist dermaßen unangenehm, dass der daran Unschuldige durchaus Grund zur Kritik hat. Die Suche nach Fehlern ist jedoch schwierig, weil beim Kentern selbst alles so schnell passiert. Jeder einzelne Paddelschlag könnte der Auslöser gewesen sein. Kommandos wie „links, Vollgas" oder „Stein, zehn Meter" kommen von dem, der das Hindernis zuerst erkennt. Oft besprechen Niclas und ich noch kurz vor einer Stromschnelle, wie die folgende Stelle am besten bewältigt werden kann. Meistens weiß ich aber schon unmittelbar nach einem Hindernis nicht mehr, wessen Idee das Manöver eigentlich war – und das ist auch gut so. Wenn man über lange Zeit miteinander auskommen will, muss man mit Fehlern umgehen lernen, wer auch immer sie verursacht. Niclas kann das sehr gut, und ich bin ihm dafür dankbar. Wir sprechen über unser Missgeschick ohne Schuldzuweisungen, ohne Streit.

Wir ziehen trockene Hemden an, die nassen Hosen bleiben. Zum Lake Minakokosa werden wir die Boote den Beaver Creek stromaufwärts ziehen müssen, dabei würden sie ohnehin nass. Vom See erhoffen wir uns ausreichend Nahrung, außerdem wollen wir testen, wie viel Entfernung wir beim Stromaufwärtsziehen an einem Tag zurücklegen können. Schließlich warten auf unserer Route noch größere Distanzen, die auf diese Art zu bewältigen sein werden.

Der seichte Beaver Creek zeigt ein Gesicht Alaskas, das wir bisher nur aus Filmen kennen: Dichte Mischwälder breiten sich über die hügelige Umgebung und färben sie in den unterschiedlichsten Grüntönen. Ein schmales, hellgrünes Grasband hält die Bäume auf Abstand zum Flussbett. Golden schimmern die Steine durch das Wasser. Vereinzelt liegen große, graue Findlinge mitten im Fluss. Ich muss oft an die Goldgräbergeschichten denken, die ich bereits in meiner Kindheit gelesen habe: So, genau so habe ich mir Alaska vorgestellt.

Durch diese wunderbare Landschaft ziehen wir nun die Kanus und kommen gut voran, sodass wir nach zwei Tagen den Lake Minakokosa erreichen. Im Regen empfängt uns der See mit einer unheimlichen Stimmung: Schroffer Felsen durchbricht an manchen Stellen den tief hängenden Nebel. Monoton bedeckt der dunkle Wald die angrenzenden Hügel. Der Wind pfeift uns ins Gesicht, er scheint uns vertreiben zu wollen. Erst nach langer Suche finden wir einen geeigneten Lagerplatz und beginnen mit der Erledigung der täglichen Pflichten.

Spät am Abend lichtet sich der Nebel und lässt einen weiten Blick über den See zu. Trotz der geringen Entfernung vom Walker Lake scheinen die zwei Seen sehr unterschiedlich. Das Wasser des Lake Minakokosa ist trüb, der Grund stark bewachsen. Am Ausfluss bildet ein Sumpf den geeigneten Lebensraum für viele Arten von Flugwild. In den nächsten zwei Tagen verbuchen wir beim Jagen gute Erfolge und schießen einige Enten. Wieder einmal vervollständigt Fisch unser Menü, der See beherbergt eine große Artenvielfalt. Zum ersten Mal essen wir Burbot, einen dorschartigen Räuber, der von den Alaskanern als „Hummer der Armen" bezeichnet wird. Doch auch Hecht und Lake Trout beißen auf unsere Köder, sodass für Abwechslung gesorgt ist.

Nach zwei erholsamen Nächten am See machen wir uns wieder auf den Weg. Diesmal folgen wir dem Beaver Creek stromabwärts, sodass wir die gesamte Strecke in einem Tag schaffen. Durch ein geschicktes Jagdmanöver erlegt Nici vom Kanu aus zwei Enten mit einem Schuss. Als wir den Zusammenfluss von Kobuk Ri-

ver und Beaver Creek schon fast erreicht haben, schieße ich, ebenfalls vom Boot aus, eine Gans. Schließlich gelangen wir an jene Stelle, an der Niclas und ich vor vier Tagen gekentert sind. Mit einem fleischigen Abendessen bereiten wir uns perfekt auf eine längere Zeit Fisch vor und legen uns nahezu satt schlafen.

Tundrajagd

Das Jagdglück am Fluss bleibt uns nicht treu. Mehrere Tage fahren wir den Kobuk River stromabwärts und ernähren uns ausschließlich von Fisch. Die Lust auf Fleisch wird groß und größer. Wir müssen uns insbesondere in diesem einfachen Teil der Route durch gutes Essen bei Kräften halten, damit wir für die Überschreitung des Ivishak-Passes ausreichend Reserven zur Verfügung haben. Deshalb beschließen wir, den heutigen Tag der Jagd zu widmen.

Der Kobuk River fließt durch ausgedehnte Tundraebenen, die angenehm zu bejagen sind. Außerdem finden wir auf der Karte einige größere und kleinere Seen und rechnen uns Chancen auf Flugwild aus. Während sich Niclas bereit erklärt, das Lager zu bewachen und Beeren zu sammeln, mache ich mich mit Christian auf den Weg. Für mich ist es das erste Mal, dass ich einen Fuß in die Tundra setze. Vom Kanu aus sieht man oft nicht mehr als eine Uferkante, die meist mehrere Meter hoch ist und dadurch jeden Blick in die Umgebung verbaut. Auf der Kante sieht man über die offenen Ebenen weit in die Ferne. Malerisch erheben sich bewaldete Hügel vor den schroffen Gipfeln der Brooks Range. Vereinzelte Baum- oder Strauchgruppen bringen Abwechslung in die sonst eher eintönige Graslandschaft.

Glücklicherweise ist die Karte in diesem Gebiet präzise, sodass wir die ersten zwei Seen schnell erreichen. Obwohl man verhältnismäßig gut vorankommt, ist das Jagen anstrengend. Der Boden ist zwar meistens fest, aber sehr holprig. Oft müssen wir Gestrüpp oder

Karge Schönheit
Blick ins Redstone Tal

Erfolgreiche Entenjagd

dichten Wald durchqueren, und das Jagen fordert die Sinne. Höchste Konzentration ist notwendig, denn die Tiere tarnen sich in ihrem Lebensraum perfekt. Nur allzu oft läuft man an Wild vorbei, das regungslos in seinem Versteck verharrt.

Die beeindruckende Landschaft, Überlegungen zur bevorstehenden Route und die herrliche Ruhe verleiten oft zur Unaufmerksamkeit. Man läuft dahin, den Blick auf den Boden gerichtet – ein Effekt der Müdigkeit, entstanden durch die Strapazen der letzten Tage. Wachsamkeit ist in der Wildnis Alaskas jedoch ununterbrochen notwendig, vor allem bei der Jagd und wegen der Bären.

Im Wald und am Ufer finden wir immer wieder Losung und viele Spuren. Aus diesem Grund singen wir oft oder pfeifen, um uns bemerkbar zu machen. Der überraschte Bär ist nämlich der gefährlichste. Unser Jodeln wirkt erstaunlich abschreckend; wir sehen keinen einzigen – vorerst …

Schon an den ersten zwei Seen sind wir erfolgreicher als bei allen bisherigen Jagden zusammen. Drei kleine Hühner und drei große Enten sind uns dennoch zu wenig, und so machen wir uns auf zum dritten und letzten See. Mit Waffe und Fernglas in der Hand laufe ich voran. Immer wieder durchwaten wir seichte Sümpfe. Gespannt und voller Jagdeifer bleibe ich alle fünfzig Meter stehen, um mich umzusehen. Nach gut einem Kilometer kommen wir in die Nähe unseres Ziels, dem kleinen Tundrasee. Regungslos ruht das Gewässer in der Wiese. Am flachen Ufer ragen vereinzelt arktische Fichten in die Höhe. Im Osten gedeiht ein hellgrüner Schilfgürtel, der auf dem Ufer in hüfthohes, wildes Gebüsch übergeht. In ungefähr hundert Meter Entfernung suchen wir den See mit dem Fernglas nach Flugwild ab. Ich sehe ein Huhn, Christian entdeckt eine Ente. Wir haben mittlerweile nur mehr zwei Schrotpatronen. Das sollte jedoch reichen, denken wir.

Beim Anpirschen wechseln wir einander regelmäßig ab. Nun bin ich wieder an der Reihe. Vorsichtig schleiche ich auf das Huhn zu, ohne es einen Moment lang aus den Augen zu lassen. Hinter einer Gruppe von dornigen Büschen suche ich Deckung und bewege mich von da an nur noch robbend vorwärts. Plötzlich beginnt der Boden unter mir zu schwanken: Die gesamte Gras-

Kühles Bad nördlich des Polarkreises …

decke und auch die Büsche schwimmen im Wasser des Sees! Der warme Sommer dürfte die obere Schicht des Permafrostbodens derart aufgeweicht haben, dass der Boden wie eine Scholle auf einem unterirdischen See treibt. Das erschwert unser Bemühen, unbemerkt voranzukommen, weil sich die Bewegungen des Untergrunds im See fortpflanzen. Glücklicherweise schenken einige Schilfhalme, die am Ufer aus dem Wasser ragen, Deckung. Mein Opfer bemerkt mich nicht.

Vorsichtig nehme ich die Schussposition ein. Ich warte, bis ich es von der Seite anzielen kann, dann drücke ich ab. Volltreffer – das Huhn ist tot. Ich sichere die Waffe und halte nach dem zweiten Vogel, der Ente, Ausschau. Habe ich sie durch meinen Schuss verjagt? Nein – langsam und ruhig schwimmt sie hinter einem Schilfband hervor, und noch eine, und noch eine, und noch eine … Insgesamt baden auf der anderen Seite des Sees acht Enten genüsslich im Wasser! „Bloß keinen Fehler machen", denke ich.

Vorsichtig ziehe ich mich in die Deckung zurück, die Enten immer im Auge behaltend. Bei den Büschen angelangt, laufe ich los, was das Zeug hält. Das Jagdfieber hat mich gepackt! Ich habe mir am anderen Ufer eine einzelne Fichte gemerkt, um zu wissen, wo ich mich anpirschen muss. Die Dornen der Büsche, die sich in meine Haut bohren, sind jetzt nicht einmal ein Schimpfwort wert, ich reiße mich einfach los und erreiche schnell den angepeilten Baum. Ich kann die Enten noch nicht sehen, trotzdem schleiche ich von dieser Stelle aus zum See, ab nun nur mehr robbend, langsam und leise. Das Gewehr halte ich in den Händen, mit Knien und Ellbögen schiebe ich mich vorwärts. Da entdecke ich etwa sechzig Meter vor mir die Enten; sie haben mich noch nicht bemerkt.

„Ruhig, behutsam – nur kein Geräusch, keine zu rasche Bewegung!" Die letzten Sekunden des Anpirschens steigern die Spannung. Die kleine, moosige Erhebung direkt am Ufer könnte mir die perfekte Deckung sein. Ich robbe vor und bringe mich in eine optimale Schussposition. Nur mehr dreißig Meter trennen mich von den Enten, ich kann liegend aufgelegt schießen – „perfekt"! Ich drehe mich zur Seite, lege das Gewehr an und warte, bis zwei der Vögel eng nebeneinander schwimmen. Dann der Schuss. Eine Ente schlägt wild um sich und steckt den Kopf ins Wasser. Die zweite habe ich verfehlt, obwohl die erlegte exakt vor ihr schwamm, als ich abdrückte. Aber es geschieht noch Unglaublicheres: Die übrigen Enten haben mich noch immer nicht wahrgenommen! Sie haben zwar den Schuss gehört und sind kurz aufgeflattert, gehen aber fast an derselben Stelle wieder nieder! So liege ich in einer perfekten Schussposition mit der Chance auf sieben weitere fette Enten und habe keine Munition mehr!

Ich verfluche jeden Fehlschuss vom Vormittag und überlege, ob ich nicht die Flintenlaufgeschosse, von denen jeder von uns immer zwei zur Bärenabwehr im Gürtel trägt, laden soll. Nachdem ich diese Schnapsidee verdrängt und mein Unglück hingenommen habe, stehe ich auf. Die Enten flattern schnatternd davon. Ich ziehe mich aus und steige ins kühle Nass, um das Abendessen zu holen. Das „Baden" in diesen Seen ist weder erquickend noch angenehm. Kaum steigt man ins Wasser, sinkt man bis zur Hüfte oder gar bis zum Hals im braunen Torf ein. Dieser entsteht durch unvollständigen Abbau pflanzlicher Reste – genauso fühlt sich das Zeug auch an. Die Fortbewegung fällt schwer, glitschige, schleimige Pflanzenreste schlingen sich um meinen Körper.

Zurück bei Christian, begutachten wir die Beute. Gekonnt durchtrennt mein Freund die Entenflügel zwischen Sehne und Knochen und schiebt sie zu den anderen auf eine Astgabel. Aufgefädelt lassen sich die Köstlichkeiten hervorragend transportieren.

Trotz der Missgeschicke dürfen wir mit dem Jagderfolg zufrieden sein. „Vier Enten und vier Hühner – keine schlechte Ausbeute für drei Stunden jagen!", lacht Christian.

Am Weg zum Lager sehen wir einige Fish-Ducks, laut Christian sind sie allerdings ungenießbar. Wir begegnen auch einer Elchkuh, die an einem kleinen Creek Wasser säuft und uns erst sehr spät bemerkt. Panisch nimmt sie Reißaus. Wir durchbrechen fröhlich singend das letzte Waldstück und erreichen am frühen Nachmittag das Lager. Beim Anblick der Beute staunt Niclas nicht schlecht.

Das Wetter ist fantastisch. Nach dem Ausweiden der Enten schnappe ich mir die Fliegenrute und fordere, gemeinsam mit meinen Freunden, mein Petri Heil. Genauso habe ich mir ein Abenteuer in Alaska vorgestellt: jagen in der Tundra, Lachs fischen an einem breiten, natürlichen Fluss. Es herrscht ein Friede, den man sich zu Hause nicht vorstellen kann. Weit und breit keine Menschenseele, in den Ohren nur das Rauschen des Wassers. Über den Wipfeln der arktischen Fichten, die vielerorts am Steilufer in die Höhe ragen, erkennt man in der Ferne schneebedeckte Gipfel, von der Abendsonne in orangefarbenes Licht getaucht.

Ich stehe gerade bis zur Hüfte im Wasser und schwinge die Fliegenrute, als Niclas' Bremse laut zu singen beginnt: Ein Lachs reißt wild an seiner Schnur und kämpft um sein Leben. Nici hält dagegen, und nach einigen Minuten des Drills landet er einen schönen Chum-Salmon!

In Anbetracht der vielen Nahrung, die wir heute beschafft haben, mache ich mich sofort ans Kochen: Gebackenes Huhn, gebratene Ente, Äschen Müllerin Art, gebratene Lachsfilets, Gravad-Lachs und als Nachtisch Blaubeernocken werden für mehrere Mahlzeiten reichen. Unglaublich, dass schon am nächsten Tag alles aufgefuttert und nichts mehr übrig ist.

... als Preis für die Beute

Abendlicht
Cutler River

Am Redstone River

Christoph Biedermann

Zurückgekehrt nach schwerer Krankheit, treffe ich meine drei Freunde am Kobuk River in Ambler wieder. Das Dengue Fieber, das ich von einer Asienreise mitgebracht habe, hat mich kurz vor Antritt des Abenteuers erwischt und nach einer schrecklichen Woche im Krankenhaus Fairbanks zur Heimreise gezwungen. Nun, da ich zurückgekehrt und weitgehend wiederhergestellt bin, brechen wir vereint zum Herzstück der Reise auf. Von Ambler geht es auf dem Redstone stromaufwärts nach Norden, in die Berge der Brooks Range, die wir auf dem Ivishak Pass überqueren wollen. Eine weitgehend unbekannte Strecke vor und nach dem Gebirge erwartet uns. Eine Strecke voller Gefahren – und Abenteuer!

Das Wettschwimmen

Eine Möwe hebt schreiend die Schwingen und steigt elegant in die Luft. Für ein paar Sekunden durchbricht ihr Ruf die beklemmende Stille; dann ist es wieder ruhig, zu ruhig. Christian steht noch immer neben mir, das Gewehr im Anschlag. Ich muss kurz durchatmen, der Schreck hat mir die Luft genommen. Warum zum Teufel haben wir ihn erst so spät gesehen? „Wenn das ein Grizzly gewesen wäre, hätten wir jedenfalls ein großes Problem!", flüstert Christian. Doch wir haben Glück gehabt, es war nur ein Schwarzbär, der im Dickicht verschwindet und unsere Herzen für einen Moment zum Stillstand gebracht hat! „Wir sind zu wenig wachsam, gehen blauäugig durch die Gegend, doch auf das Wesentliche vergessen wir!"

Keine zwei Tage am Redstone, und schon sind wir mitten in der Wildnis Nordwest-Alaskas. Doch wir fahren nicht stromabwärts, sondern ziehen die Boote gegen die Strömung nach Norden. Unsere große Reise treibt uns auf unbekannten Wegen hinauf zur Brooks Range, die nördliche Tundra ist unser Ziel. Christian, Grischi, Niclas und ich – eine Gruppe von vier Abenteurern.

Unsere Arbeitsteilung ist bewährt. Zwei gehen mit Gewehren voraus, sollen jagen, fischen, den Weg auskundschaften. Die beiden anderen ziehen die Boote ge-

gen den Strom, mitten im Wasser in Bergschuhen und langer Hose. Auf diese Weise haben wir einerseits guten Halt auf dem rutschigen Flussgestein, andererseits sind unsere Beine gegen die Angriffe der Stechmücken geschützt. Nackte Oberschenkel wären eine allzu leichte Beute für die gierigen Blutsauger. Die beiden Teams wechseln einander stündlich ab.

Das Wetter ist strahlend schön und auch relativ warm, die Moskitoplage einigermaßen erträglich. Die Landschaft nimmt mich vom ersten Augenblick an gefangen. Das Wasser des Flusses ist glasklar, ruhig und friedlich, die sanfte Strömung erlaubt uns zügiges Vorankommen. Breite Sandstrände säumen auf beiden Seiten die Ufer, überall sehen wir Fährten von Wildtieren: von Schwarzbären, Elchen, Wölfen und auch der gefährlichen Grizzlies. Jeder Schritt bringt uns ein Stück weiter ins Ungewisse. Was erwartet uns dort droben? Von dieser Strecke ist so gut wie nichts bekannt.

Zuerst wollen wir uns, vom Kobuk kommend, im Redstone River stromaufwärts bis zur Brooks Range kämpfen, dann auf dem Ivishak Pass über die Berge in das Noatak Tal absteigen. Den gleichnamigen Fluss wollen wir nach 90 Kilometer auf dem Cutler River erreichen und ihm bis zur Beringsee folgen. Doch viele Fragen sind ungeklärt. Wie weit kommen wir gegen den Strom im Redstone vorwärts? Ist der Ivishak Pass mit unserem Gepäck überhaupt zu bewältigen? Und vor allem: Welche Bedingungen werden wir auf der anderen Seite des Passes vorfinden?

Niemand konnte uns sagen, was uns erwarten würde. Wirklich verlässliche Auskunft war nur sehr schwer zu bekommen, nur die wenigsten kennen das Gebiet im Winter, wohl kaum jemand im Sommer. Was hätte man uns schon anderes erzählen können, als wir selbst aus den Karten gelesen hatten?

Ich sehe nach Norden. In der Ferne zeigen sich bereits die ersten Ausläufer der Brooks Range. Siebzig Flusskilometer liegen bis zu den Bergen vor uns. Noch trennen uns dichte Wälder von ihnen, doch bald muss die Landschaft offener werden, und die Bäume werden

Farbenpracht
Indian Summer

verschwinden. Mir ist sehr recht, dass wir diesmal zu viert reisen. Die Arbeitsabläufe, die wir uns aufteilen, sind dadurch wesentlich kürzer und einfacher, die Nahrungsbeschaffung ist viel effektiver. Zu zweit muss man zusehen, dass man mit den täglichen Aufgaben zurechtkommt. Neben dem Kilometersoll muss Wasser gefiltert, Wäsche gewaschen, Holz gesammelt und gehackt werden, die Ausrüstung will verstaut, das Zelt aufgestellt und das Boot versorgt werden. Gekocht oder gegessen hat man da noch lange nicht. Denn erst, wenn alles andere getan ist, kann man an Jagen oder Fischen denken.

Zu viert ist das etwas ganz anderes. Die täglichen Arbeiten für vier Leute sind im Wesentlichen die gleichen wie für zwei, zwei Mann haben also immer Zeit, sich um die Nahrungsbeschaffung zu kümmern. Wir sind somit alle weniger belastet und haben meist vollere Bäuche.

Fischen und Jagen, das sind die großen Ziele unseres Tages, und was den Erfolg anbelangt, können wir uns nicht beklagen. Durchschnittlich zehn Äschen und ein paar Hechte stellen meist die abendliche „Vorspeise" dar. Um richtig satt zu werden, brauchen wir allerdings Fleisch.

Heute sind Christian und ich für die Fleischbeschaffung zuständig. Wir brechen gleich nach der Ankunft an unserem Lagerplatz auf und marschieren zu einem größeren See, der auf der Karte eingezeichnet ist. Wie üblich ein harter Weg durchs Gesträuch, doch nach einer halben Stunde hört der Wald plötzlich auf, und wir finden uns in einer vollkommen baum- und buschfreien Tundralandschaft wieder. Etwa zwei Kilometer vor uns lässt sich der gesuchte See bereits erahnen, dahinter sehe ich die Berge der Brooks Range – zum Greifen nah, wie es scheint. „Toll, so einen freien Blick zu haben, oder?", frage ich meinen Freund. Es ist bewölkt, doch es regnet nicht.

Die Sonne ist zwar nicht zu sehen, das Licht wird aber noch einige Stunden gut genug zur Jagd sein. Wir schreiten schnell voran, je näher wir dem Wasser kommen, desto mehr ducken wir uns und mäßigen unsere Schritte.

Der Boden sieht auf den ersten Blick wie eine völlig flache Ebene aus, das Marschieren ist dennoch sehr anstrengend, Grasbüschel, Zwergsträucher und Gräben erschweren das Fortkommen, die Knöchel knicken laufend um, und wir müssen aufpassen, uns nicht zu verletzen. Leider ist der Untergrund, auf dem wir laufen, gleichzeitig ein riesengroßes Heidelbeerfeld. Leider deshalb, weil wir andauernd stehen bleiben und unsere gierigen Mäuler mit den blauen Riesenkugeln vollstopfen. Christian und ich müssen uns gegenseitig zur Eile anspornen, sonst kämen wir wohl kaum vom Fleck!

Das Geschrei von mindestens zwanzig Gänsen lässt uns herumfahren und zugleich erstarren. „Rühr dich nicht, die haben uns eh schon gesehen!", raunt mir Christian zu. Wir verharren bewegungslos, die Zugvögel streichen über uns hinweg und gehen in einiger Entfernung nieder.

„Die müssen auf dem See gelandet sein, ich weiß nur nicht wo!", sage ich.

„Liegt zufällig genau in unserer Richtung", lächelt Christian und marschiert weiter. Wir müssen noch fast einen Kilometer über die Ebene, bis wir vor uns einen Buschwall sehen, hinter dem der gesuchte See liegen muss. „Geh du voraus", flüstere ich. Christian schleicht weiter, ich bleibe etwas zurück. Plötzlich reißt er die Waffe hoch und stürmt vorwärts. Zweimal schießt er in schneller Folge – vor uns, in knapp vierzig Meter Entfernung, hebt eine ganze Kette Gänse unter lauten Rufen ab. Christian lädt nach, doch die Entfernung ist für die Schrotkugeln bereits zu groß. „Eine hab ich erwischt!", schreit er mir zu und bricht durch die Büsche. Ich stürme hinterher und sehe ihn im sandigen Ufer stehen. Im See schwimmt noch eine Gans, die allem Anschein nach geflügelt, das heißt an einem Flügel angeschossen wurde, doch ihre Entfernung vom Ufer beträgt gut fünfzig Meter. Christian schickt ihr noch zwei Schüsse nach, die jedoch keine Wirkung zeigen. „Ich muss sie holen, sie haut ab!", schimpft er.

„Du erwischst sie schon!", rufe ich meinem Freund nach, der sich in Windeseile nackt auszieht und die Verfolgung zu Wasser aufnimmt.

Hochmotiviert und Kampfesrufe ausstoßend, sprintet Christian dem Vogel nach, die ersten fünfzig Meter kann er noch laufen, der See ist seicht. Wie Jesus übers Wasser, denke ich und muss heimlich lachen. Mit kräftigen Schwimmtempi treibt der Verfolger sein Opfer immer weiter hinaus auf den See, das andere Ufer ist noch

mehrere Kilometer entfernt. Bei jedem Zug lässt Christian ein lautes „Uff" ertönen. Der Abstand zu der Gans wird kleiner, schon ist er auf dreißig Meter heran! Jetzt nur noch zwanzig Meter … wieder dreißig, vierzig …, fünfzig …, siebzig Meter. Ich kann die Gans gar nicht mehr erkennen, aufkommender Wind verwandelt die Wasseroberfläche in ein Meer aus Wellen. Das aber scheint Christian nicht weiter zu stören, noch hält er mit. Das „Uff" wird allerdings schon deutlich leiser und geht allmählich in ein lang gezogenes „Aaah" über. Ich beginne, mir Sorgen um meinen Freund zu machen, denn jetzt kann ich auch ihn nur noch mit Hilfe des Fernglases erkennen, er muss bald am anderen Ufer sein!

Stille. Ich gebe schon die Hoffnung auf, ihn heute noch wiederzusehen, da erscheint weit draußen wieder ein dunkler Punkt. Ich fixiere ihn, er scheint sich allerdings kaum zu bewegen. Erst nach ungefähr einer Viertelstunde erkenne ich die Umrisse eines Kopfes, auch das mir vertraute „Aaah" ist wieder zu hören, wenngleich zu einem Stöhnen verkommen. Ich überlege, ihm entgegenzuschwimmen. Was, wenn er einen Krampf hat? Mit der Fingerspitze teste ich die Temperatur. „Brrr, eiskalt!" Es bleibt vorerst bei der Überlegung …

Es dauert schier eine Ewigkeit, bis Christian wieder festen Boden unter den Füßen hat und sich die letzten Meter prustend ans Ufer schleppt. „Sei nicht traurig, mein Freund", sage ich, „es war ein fairer Wettkampf, und der Bessere hat gewonnen!"

Ein Knuff in die Magengegend gibt mir allerdings zu verstehen, dass mein Witz nicht gut angekommen ist, insbesondere, da wir nun beutelos und hungrig zurückkehren müssen.

Am Fuss der Brooks Range

Die Enttäuschung über den Misserfolg verfliegt schnell, als wir in den nächsten zwei Tagen insgesamt zwanzig Gänse erlegen. Das Fleisch wird abgebraten und in Alufolie portioniert. Zusammen mit etwas Anglerglück sollten wir für die nächsten vier Tage vorgesorgt haben, viel länger wird das Fleisch wohl nicht halten.

Nach insgesamt acht Tagen am Redstone River haben wir den Ursprung des Flusses beinah erreicht – ein traumhaft schönes Tal; hohe, teils schneebedeckte Berge bilden einen Kessel, in dessen Mitte sich unzählige kleine Bachläufe durch mehrere hundert Meter breite Schotterstrände winden, um schließlich zu einem Fluss

Geheimnisvoll
Morgennebel am Noatak

zu werden. Ringsumher karge, tundraähnliche Landschaft, nur an den Hügeln der Berge dichter Wald. Den ganzen Tag über haben wir bereits einen freien Blick auf den Einstieg zum Ivishak Pass, unserem Ziel. Eine kegelförmige Bergspitze, die den anderen Gipfeln im Umkreis etwas vorgelagert und so regelmäßig geformt ist, als sei sie von Menschenhand geschaffen. Wie ein Wegweiser, denke ich. Im nächsten Frühjahr werden wieder viele tausend Karibus über die Berge in die Tundra des Noatak Tales ziehen.

Die Sonne lässt sich den ganzen Tag über kaum blicken, und der Dunst in der Luft verbreitet eine ungemütliche, nasse Kälte. Wir haben die dicken Jacken übergezogen, um im kalten Wasser nicht vollends auszukühlen. Solang man in Bewegung bleibt, empfindet man die Kälte nicht als schlimm. Ich ziehe das Boot in seichtem Wasser vorwärts, es ist so klar, dass man unzählige Riesenäschen in der Strömung erkennen kann. Mit ein, zwei Würfen könnte man jede von ihnen problemlos fangen, eine Angel haben sie sicherlich noch nie zu Gesicht bekommen. Und ich habe noch keine Äschen dieser Größe zu Gesicht bekommen, denke ich. Die größten haben sicher mehr als ein Kilo!

Selbst in diesen kleinen Flussärmchen gräbt sich das Wasser unerbittlich in den Grund. Man muss gut auf seine Schritte achten, denn plötzliche Abbrüche sind keine Seltenheit. Ich balanciere gerade an so einer Stelle entlang, stelze in der Innenkurve im knietiefen Wasser vorwärts, einen halben Meter links von mir ist es sicherlich drei Meter tief. Nur Vorsicht, nicht zu weit hinüber! Die Strömung ist sehr stark, und ich habe keine Lust, einer Unaufmerksamkeit wegen baden zu gehen. Ich freue mich schon auf den Wechsel, heute strengt mich das Bootziehen ganz besonders an, außerdem würde ich viel lieber über die breiten Schotterstrände wandern und den fantastischen Blick genießen. Eine eigentümliche Stimmung ist das heute, düster und dennoch, oder gerade deshalb, wunderschön. Dieses Tal hat im Sommer sicher noch kaum ein Mensch zu Gesicht bekommen, und das macht den Moment noch einzigartiger.

Bis zum Abend erreichen wir einen guten Zeltplatz am Fuß des Ivishak Passes, eine kleine Halbinsel, die über eine Schotterbrücke mit dem Land verbunden ist. Wir legen glücklich an, das Stromaufwärtsziehen ist nun beendet.

Dichter Nebel zieht vom Pass herunter und hüllt ihn in geheimnisvolles Dunkel. Wenn alles gut geht, werden wir schon bald auf der anderen Seite sein! Noch aber ist es ein weiter Weg. Das Abenteuer Ivishak beginnt!

Bären

Christian Langegger

Alaska gilt als Land der Bären. Begegnungen sind unvermeidlich und gehören zu einem Abenteuer wohl dazu. Die meisten Erlebnisse mit Schwarzbären oder Grizzlies sind unproblematisch, doch manchmal trifft man auf einen Bären, der sich nicht so verhält, wie man es aufgrund des angelernten Lehrbuchwissens erwarten würde. In diesem Kapitel schildere ich im Wesentlichen zwei Erlebnisse, die uns doch das Herz schneller schlagen ließen …

Lachsfischen

Der Grizzly reckt die Nase prüfend in die Luft. Mehrmals nimmt er Witterung auf, bevor er durch knietiefes Wasser zu einer Wasserstufe im kleinen Creek zurückwandert. In den folgenden Minuten verharrt er bewegungslos wie eine Skulptur und beobachtet gespannt das Geschehen im glasklaren Wasser. Hundslachse, die in dem kleinen Nebenfluss aufsteigen, haben den Riesenbären angelockt.

Auch wir haben es auf Lachse abgesehen. Durch die Begegnung mit dem Grizzly tauschen wir die Angelruten jedoch gegen die Flinten und beobachten den Bären durch Kamera und Fernglas aus etwa fünfzig Meter Entfernung. Plötzlich kommt Bewegung in die Szenerie. Bugwellen an der Wasseroberfläche verraten eine Gruppe aufsteigender Lachse und lenken die Aufmerksamkeit des Bären auf sich. Äußerst vorsichtig bewegt er nur den Kopf, während der restliche Körper regungslos wie eine Statue im Fließwasser verharrt. Einige Lachse haben die Wasserstufe erreicht und verlassen die Sicherheit des tiefen Wassers. Das Plätschern der springenden Fische erregt den Bären, der jedoch immer noch geduldig auf eine sichere Chance wartet. Plötzlich schnellt er in die Höhe und springt seinem nächst gelegenen Opfer entgegen. Mit dem ersten Versuch verfehlt er jedoch sein Ziel. Lachse, die blitzartig in alle Richtungen flüchten, und der Grizzly, der wütend seine Beute im flachen Wasser verfolgt, scheinen das Wasser zum Kochen zu bringen. Im Seichten hat der Braunbär jedoch deutlich bessere Karten, und es dauert nicht lang, bis er mit seinen messerscharfen Krallen den erschöpften Fisch packt und gegen das Flussbett drückt. Für einige Sekunden verharrt er in dieser Position, wie um seinen Sieg auszukosten, bevor er mit einem tödlichen Biss in den Nacken das Leben des Tieres beendet und seine Beute ans Ufer trägt.

Auf dieser Reise haben wir bereits einige Grizzlies gesehen. Dennoch sind wir von dieser Begegnung begeistert und eingeschüchtert zugleich. Verhalten und Habitus sprechen für ein älteres Männchen. Er bewegt sich mit einer majestätischen Ruhe und Gelassenheit. Nichts vermag ihn aus der Ruhe zu bringen.

Wir geben uns zu erkennen. Mehrmals rufen und pfeifen wir, dem Grizzly scheint jedoch alles rundum außer der Beute egal zu sein. Er würdigt uns keines Blickes und zerfleischt weiter den soeben erbeuteten Lachs. Während Christoph und ich den Bären weiter beobachten und einige Fotos machen, versuchen Niclas und Grischi weiter stromabwärts ihr Anglerglück. Die Stelle dort eignet sich jedoch nicht sehr gut zum Fischen, die Lachse befinden sich anscheinend bereits alle weiter stromaufwärts. Dort gibt es unmittelbar unterhalb der Wasserstufe tieferes Wasser, und einige große Steine bilden Wirbel und Kehrwasser. Meist rasten sich die Lachse an solchen Stellen noch etwas aus und sammeln ihre Kräfte, ehe sie das nächste Hindernis, in diesem Fall die Stufe, in Angriff nehmen. Dort wäre das Angeln natürlich lohnenswert. Doch dies ist das Reich des Grizzlybären, und er macht keine Anstalten, das Feld kampflos zu räumen. In aller Ruhe verschlingt er den Hundslachs. Als Christoph und ich dem Bären mit der Kamera ein kleines Stück näher rücken, um bessere Sicht zu haben, lässt er vom Fressen ab und stößt ein tiefes mahnendes Brummen hervor.

„Ich glaube, jetzt ist er sauer!", sage ich vorsichtig. Langsam erhebt sich der Grizzly und trottet knurrend auf uns zu. In einer Entfernung von fünfzig Meter hat er uns geduldet, doch nun sieht es aus, als wollte er zum Angriff übergehen. Wir haben seine Grenzen nicht akzeptiert, und in diesem Augenblick bereuen wir diese Tatsache zutiefst. Nun will er uns aus seinem Revier vertreiben. Wir sehen dem mächtigen Tier in die Augen und stapfen langsam rückwärts. „Ich traue ihm nicht – irgendetwas hat er jetzt vor!", sagt Christoph. Vergessen sind die Absichten, gute Fotos zu machen. Diese Situation ist brenzlig, der Bär bewegt sich zwar sehr langsam, doch wir haben beide das Gefühl, dass er jeden Moment zu einem Sprint ansetzen und uns an die Gurgel springen könnte. Die meisten Grizzlies, denen wir im Lauf dieser Reise begegnet sind, haben bei unserem Anblick sofort das Weite gesucht, und genau solche Erlebnisse haben uns heute zum näheren Anpirschen ermutigt. Der Grizzly bleibt stehen. Nochmals nimmt er Witterung auf. In den folgenden Sekunden rührt sich gar nichts. Auch wir wagen keine Bewegung, stehen Schulter an Schulter und blicken dem riesigen Tier weiter in die Augen. Langsam wendet es Kopf und Körper und schlendert wütend mit tiefem Brummen ins Gebüsch.

„Der ist stinksauer und wird nicht weit gehen", meint Christoph, und ich gebe ihm recht. Obwohl wir hungrig sind und gern einen Lachs erbeutet hätten, beschließen wir, dem Bären den Fischplatz zu überlassen und ohne Beute weiterzupaddeln. Das Revier eines ausgewachsenen Grizzlies zu akzeptieren, ist eine der wichtigsten Verhaltensregeln im Land der Bären. Diese Begegnung hat uns wieder einmal daran erinnert.

Schwarzbären am Ivishak

„Ab dem Redstone River werdet ihr keine Schwarzbären mehr sehen. Die offene Tundra ist das Reich der Grizzlies", hat uns der nette Verkäufer in Ambler gesagt. Doch bereits am zweiten Tag am Redstone konnten wir diese Aussage widerlegen, als wir plötzlich vor einer führenden Schwarzbärin standen, die bei unserem Anblick sofort das Weite suchte.

Ein junger Grizzly am Flussufer
Kobuk River

Inzwischen sind wir viel weiter nach Norden vorgedrungen, doch selbst am Fuß des Ivishak Passes und somit an der nördlichen Baumgrenze finden sich Spuren von Schwarzbären. Unser Zeltplatz liegt auf einer Halbinsel am Redstone River. Der Fluss zieht eine markante Linkskurve und entfernt sich stromabwärts wieder zusehends vom Pass. Also beenden wir hier das Stromaufwärtsziehen und bereiten uns auf den folgenden Marsch über die Brooks Range vor. Die Idylle des Zeltplatzes ist kaum zu überbieten. Rundherum die beeindruckende hochalpine Kulisse der Brooks Range. Nördlich unserer Zelte steigt der Hang sofort steil bergan. Die einzeln stehenden arktischen Fichten bewachsen den Berghang nur spärlich; von Wald kann man wirklich nicht mehr sprechen. Die äußerst kurzen Äste, der niedere Wuchs und die Unregelmäßigkeit jedes einzelnen Baumes lassen auf die Härte dieser Region schließen, in der einmal mehr der Überlebenskampf der Tier- und Pflanzenwelt in einer für den Großteil des Jahres unwirtlichen Region sichtbar wird.

Die Üppigkeit der Blaubeeren, die verschwenderisch überall zwischen dem spärlichen Baumwuchs hervorquellen und dem gesamten Hang einen leichten Blauton zu verleihen scheinen, wirkt als krasser Gegensatz. Dieser Ort hat auch etwas Mystisches. Sämtliche Tierpfade der Umgebung scheinen sich an ihm zu kreuzen, und es kommt uns vor, als wäre dies ein wichtiger Knotenpunkt im Tierreich. Allerdings – zum einen ist dieses Faktum geographisch erklärbar. Redstone River auf der einen sowie die steilen Berghänge der Brooks Range auf der anderen Seite laufen an dieser Stelle trichterförmig zusammen und bilden eine Art Engstelle im Redstone Tal. Außerdem scheint hier die Tierwelt der Taiga auf die Fauna der Tundra zu treffen. Wir entdecken Spuren von Wölfen, Karibus, Bibern, Elchen, Grizzlybären und auch Schwarzbären. Während wir weiter nördlich auf den Anblick von Elchen, Bibern und Schwarzbären verzichten müssen, beginnt die Heimat der Karibus und Tundragrizzlies erst richtig.

Heute ist Dienstag, der 14. August, und es ist früher Abend. Bereits tagsüber haben wir zehn Äschen und mehrere Gänse erbeutet, das Abendessen ist also gesichert. Grischi ist gerade dabei, Reis mit Gänseleber und die Fische zuzubereiten. Niclas und Christoph sammeln unweit des Lagers Blaubeeren, während ich die beiden Zelte aufstelle. Ich sehe mich noch einmal an der prächtigen Abendstimmung in diesem wunderschönen Tal satt und genieße die Ruhe, die nur durch das Knistern des Feuers unterbrochen wird. Nach einem so langen „Arbeitstag" tut es gut, endlich einmal allein zu sein, um den ganzen Tag und seine Eindrücke verarbeiten zu können. Ein Plätschern im Fluss etwas stromaufwärts von mir lenkt meine Aufmerksamkeit auf sich. Ich sehe einen Biber mit einem kleinen Ast im Maul den Redstone River überqueren. Als ich das friedliche Tier beobachte, bemerke ich plötzlich fünfzig, sechzig Meter weiter ein schwarzes Fell im Gebüsch. „Ein Grizzly!", schießt es mir durch den Kopf – und er zieht genau auf unseren Zeltplatz zu! Ich blicke zu meinen Freunden. Grischi ist mit dem Kochen beschäftigt, die beiden anderen haben ihre Aufmerksamkeit nur auf die Blaubeeren gerichtet. Ich hole beide Waffen aus den Booten, bringe eine zu Grischi und sage ihm, achtsam zu sein, wir könnten jeden Moment Besuch bekommen. Mit einem kurzen Pfiff und anschließenden Handzeichen warne ich Niclas und Christoph. Danach nehme ich Fotoapparat, Fernglas und Flinte und schleiche vorsichtig dem Bären entgegen. Unser Zeltplatz lässt zwar wunderschöne Aussichten nach Norden, Süden und Westen zu, der Blick nach Osten ist jedoch durch mannshohes Gebüsch verdeckt. Und genau dort habe ich Minuten vorher den Bären gesehen. Bereits nach zwanzig Meter lichten sich jedoch die Sträucher, und ich habe bessere Sicht. Christoph ist mir mit dem Zoom-Objektiv gefolgt, und ich drücke ihm den Fotoapparat in die Hand. Er ist von uns beiden der bessere Fotograf, ich wahrscheinlich der bessere Schütze. Hinter einer abgestorbenen Wurzel finden wir Deckung und haben einen guten Überblick. Eine fast strauchfreie, etwa dreißig Meter breite Schotterbank liegt vor uns. Dahinter wieder dickes Gebüsch, in dem wir den Bären vermuten. Es dauert nicht lang, da beginnen die Äste zu wackeln. Ein ausgewachsener Schwarzbär tritt aus, gefolgt von einem weiteren, etwas kleineren Tier. Es dürfte ein fast ausgewachsenes Junges sein. Wir können die Bären auf knapp zwanzig Schritt Entfernung beobachten. Sie knabbern an den Weiden, scharren den Boden auf und spielen miteinander. Plötzlich erscheint ein dritter. Drei Schwarzbären befinden sich nun unmittelbar vor uns, keiner weiter als dreißig Schritt entfernt. Mir wird klar, dass mit der Flinte nur zwei Schuss möglich sind …

Der Wind kommt aus der Richtung der Bären, sie können uns also nicht riechen. Christoph schießt ein paar gute Fotos. Als die Raubtiere noch näher kommen, beschließen wir, uns bemerkbar zu machen. Wir treten hinter der Wurzel hervor und schreien mehrmals. Der erste Schwarzbär blickt uns einen kurzen Moment an und flüchtet sofort dorthin, woher er gekommen ist, gefolgt von dem Jungtier. Der dritte Bär kann die Aufregung offenbar nicht verstehen, blickt den beiden flüchtenden kurz nach und marschiert dann weiter schnurstracks auf uns zu. Auf einer Entfernung von nur drei Meter bleibt er schließlich stehen. Bei der kurzen Distanz kann Christoph das Zoom nicht mehr scharf stellen, erst jetzt blickt er mit freiem Auge über die Kamera und erschrickt tierisch, als er den Bären unmittelbar vor uns stehen sieht. Durch die Kamera hat alles noch weiter und ungefährlicher ausgesehen! Ich halte die bereits entsicherte Waffe im Anschlag und sehe dem Bären übers Korn direkt in die Augen, die Laufmündung ist nur einen guten Meter von meinem Gegenüber entfernt. Es handelt sich um einen drei- bis vierjährigen Schwarzbären. Ich beobachte seine Miene und achte vor allem auf Zeichen von Angriffslust. In diesem Fall würde ich keinen Moment zögern und sofort abdrücken. (Was wir beide in diesem Moment nicht wissen: Wir haben zufälligerweise einen Blindgänger geladen, ein Geschoss, dessen Zündkappe wahrscheinlich durch die ständige Feuchtigkeit zerstört wurde. Beim Abdrücken würde es nur klicken.) Die Absichten des Bären scheinen jedoch nicht böse oder aggressiv. Er wirkt eher neugierig und interessiert, ganz so, als könnte er uns nicht recht einordnen. „Freund oder Feind?", scheint er zu überlegen. Auch Christoph und ich sind nicht sicher, was wir von unserem Gegenüber halten sollen. Er ist so nah, dass wir sein Atmen hören und den intensiven Geruch seines zotteligen Fells wahrnehmen können. Der Bär nimmt mehrmals Witterung auf – die (menschliche) Duftnote scheint er noch nicht zu kennen. Plötzlich versucht er sogar, an der Laufmündung der Flinte zu riechen. Als ich diese jedoch hastig bewege, wird es ihm zu viel. Er springt davon, besinnt sich nach ein paar Metern jedoch anders, er dreht sich wieder zu uns und richtet sich in voller Größe auf. Auf den Hinterbeinen stehend wirkt er bedrohlich und übermächtig. Seine Absichten sind es nicht: Er bleibt friedlich – zumindest in diesem Augenblick. Kurz danach entschließt er sich doch zur Flucht.

Mit mulmigem Gefühl machen wir uns auf den Rückweg zum Zeltplatz. Zum einen sind wir von der hautnahen Begegnung mit den Tieren begeistert. Doch die Neugier und Unerschrockenheit des Exemplars bereitet uns Sorgen. Laut Plan werden wir die nächsten beiden Nächte auf diesem Zeltplatz verbringen. „Ich hoffe nur, dass uns dieser Geselle in den nächsten Tagen nicht noch einen Besuch abstattet!", denke ich mir still, und Christoph hat wohl die gleichen Gedanken.

Böse Überraschung

Nach einem ausgiebigen Abendessen sitzen wir noch lang beim Lagerfeuer und besprechen eine Taktik für die folgende Portage. Der Plan ist, in den nächsten zwei Tagen hier zu lagern und das Gepäck in dieser Zeit auf den Pass zu schaffen. Für den nächsten Tag haben wir vor, die Boote zusammenzupacken, uns Zeit für Wäsche und Körperpflege zu nehmen und ein letztes Mal Brot zu backen, bevor das Feuerholz in der Tundra knapp wird.

Weiters wollen wir ausreichend Nahrung beschaffen und vor den anstrengenden Tagen futtern, was das Zeug hält. Das heißt im Wesentlichen: fischen, jagen, Blaubeeren sammeln – und essen.

Es ist nach Mitternacht, wir freuen uns schon sehr auf die kommenden Tage. Grischi stimmt ein Volkslied an, und als wir zu singen beginnen, kracht es plötzlich im Gebüsch direkt hinter uns. Sekunden später plätschert es in etwas größerer Entfernung. „Dieser verdammte Schwarzbär!", ruft Christoph. Mit beiden Waffen laufen wir Richtung Fluss und sehen noch, wie der Bär den Redstone River durchwatet und auf der anderen Uferseite im Gebüsch verschwindet. Den Kopf in die Höhe gestreckt, dreht er sich um und nimmt noch mehrmals Witterung auf.

„Der Geruch unseres Essens scheint ihm zu schmecken – wir müssen achtgeben, dass er uns nicht einmal beim Essen besucht!", meint Niclas.

„Dieser Bär hat eindeutig keine Angst vor Menschen. Wahrscheinlich ist er bereits die ganze Zeit um den Zeltplatz herumgeschlichen!", füge ich hinzu.

„Jedenfalls scheinen ihn österreichische Volkslieder abzuschrecken!", scherzt Grischi. Doch irgendwie haben wir ein ungutes Gefühl, als wir uns in die Zelte zurückziehen.

Am nächsten Tag verläuft alles perfekt. Christoph erbeutet mit der Angel ein halbes Dutzend große Äschen, Niclas sammelt zwei Töpfe Blaubeeren, und schließlich schießen wir in der Umgebung zwei fette Biber. Wir filetieren die Fische, zerwirken die Biber und salzen das ausgelöste Fleisch ein, um es für längere Zeit haltbar zu machen. Ganz so nebenbei backen wir zehn Laibe Brot und einige Bannoks und packen die Bootsrucksäcke. In mehreren großen Mahlzeiten essen wir unsere Reserven an Fisch sowie Gänse- und Entenfleisch auf, braten köstliche Blaubeernocken und fühlen uns danach fit für die Portage.

Auch am ersten Marschtag verläuft alles nach Plan. Schon am frühen Morgen stapfen wir mit schwerem Gepäck Richtung Ivishak Pass. Die Strapazen sind zwar immens, doch noch sind wir stark und hochmotiviert. Lediglich Christoph ist von seiner schweren Krankheit am Beginn der Reise noch geschwächt. Doch mit etwas leichterem Gepäck hält auch er sich gut. Mehrmals müssen wir dichtestes Buschwerk durchqueren. Mit fünfunddreißig Kilo auf dem Rücken eine schwierige und zum Teil auch gefährliche Angelegenheit.

Nach fünfstündigem Marsch erreichen wir unser Ziel, verstauen Bootsausrüstung und Gepäck unter einem kleinen Felsen und machen uns mit leeren Rucksäcken auf den Rückweg. Ohne Gepäck können wir endlich die herrliche Gebirgslandschaft genießen. Wir haben heute die nördliche Baumgrenze überquert. Ab nun dominiert die baumlose Tundra das Landschaftsbild. Flechten, Gräser, Moose und anspruchslose Blumen kämpfen in dieser Gegend ums Überleben. Im kurzen arktischen Sommer bleibt für die Pflanzenwelt nur sehr wenig Zeit. Manche Flechten wachsen nur einen Millimeter im Jahr. An einigen Stellen kann man deutlich den Pfad erkennen, dem in wenigen Wochen wieder hunderte Karibus nach Süden folgen werden.

Ich mag diese karge Vegetation. Für mich hat sie etwas Zeitloses. Berge und Felsen wirken noch imposanter, und als Mensch fühlt man sich in der weiten Tundra unendlich klein. Wen einmal dieses „Nordlandvirus" infiziert hat, den lässt es nicht mehr los.

Hungrig nähern wir uns gegen Abend dem Zeltplatz. Irgendwie haben wir alle ein schlechtes Gefühl,

Mühsamer Aufstieg
Richtung Ivishak Pass

weil wir unseren Lagerplatz den ganzen Tag unbewacht lassen mussten. Und tatsächlich, bereits aus der Ferne erkennen wir, dass unsere Ahnungen berechtigt waren: Wir hatten Besuch! Die gesamte Kochausrüstung liegt verstreut in der Umgebung herum – Geschirr, wasserdichte Packsäcke, die Planen und die Nahrungsboxen zerfetzt und zerbissen.

„Dieser verdammte Schwarzbär!", stoßen wir nahezu zeitgleich hervor. „Das ist der Dank dafür, dass wir ihn am Leben gelassen haben!", denke ich wütend, und mit diesem Gedanken bin ich sicher nicht der Einzige.

Zuerst mustern wir den Kochplatz. Die Nahrungskisten sind zwar beschädigt und liegen zehn Meter vom ursprünglichen Aufbewahrungsort entfernt, an den Inhalt ist das Biest jedoch nicht gekommen. Drei Viertel des Biberfleisches befinden sich in den Nahrungskisten. Etwa drei Kilo gesalzenes Fleisch haben wir, in Alufolie verpackt, außerhalb der Kisten aufbewahrt. Davon sind nur noch kleine Alureste übrig. Das Fleisch hat er mitsamt der Folie verputzt! Das sei ihm vergönnt, die Zerstörung von Geschirr, Planen und ehemals wasserdichten Packsäcken hat aber schon fast etwas Mutwilliges an sich. Sogar den verdreckten Geschirrschwamm hat der Bär verschlungen, nur einige Schwammkrümel sind übrig.

„Dieses Mistvieh!", ruft Christoph und wiederholt es mehrmals lautstark. Die Rufe kommen aus fünfzig Meter Entfernung – von dem Ort, an dem sich die Zelte befinden. Das verheißt nichts Gutes! Beide Außenzelte sind an beiden Seiten geöffnet worden. Natürlich hat die Außenmembran Löcher von den Krallen und den Zähnen des Bären. Wir dürfen uns schon jetzt auf den nächsten Regen freuen – wasserdicht ist nämlich etwas anderes! Außerdem hat der Bär ein Innenzelt regelrecht zerfetzt und ist ins Innere eingedrungen. Die Moskitos werden sich freuen – ab nun sind wir ihnen leichte Beute! Wir kriechen hinein; im Zelt ist der intensive Geruch des Raubtiers deutlich wahrzunehmen, er wird uns noch einige Tage begleiten. Christophs Therm-a-rest®-Matte ist ebenfalls in Fetzen, die Daunen-Schlafsäcke sind wie durch ein Wunder unbeschädigt. Die Aussicht, die nächsten Wochen auf Permafrostboden und Schotterbänken auf einer zerrissenen Matte schlafen zu müssen, ist alles andere als lustig. Christoph, Grischi und ich fluchen lautstark und schwören Rache, während sich Niclas eher ruhig verhält. „Wir schlafen abwechselnd auf der kaputten Unterlagsmatte!", schlägt er schließlich vor. Wir drei wollen aber keine Lösungsvorschläge. Wir haben einen Feind, und in diesem Moment wollen wir nur eins: Rache!

Rachegelüste

Es dauert einige Zeit, bis wir uns etwas beruhigt haben und sachlich über das weitere Vorgehen diskutieren können. Eines ist klar: Der Bär hat Fressen gefunden und wird, sobald er wieder hungrig ist, aller Wahrscheinlichkeit nach zurückkehren. „Im Augenblick dürfte er eher durstig sein – er hat mit dem Biberfleisch sicherlich eine Viertelpackung Salz gefressen!", bemerke ich grinsend.

Tatsächlich machen wir am Wasserloch im Sand eine Spur aus; er dürfte reichlich getrunken haben. Christoph ist zunächst dafür, alles zusammenzupacken und den Zeltplatz sofort Richtung Pass zu verlassen. Doch es ist spät, wir sind hungrig, und keiner hat wirklich Lust, stundenlang zu packen und an die Mühen des Tages einen Nachtmarsch zu hängen. Außerdem wäre ein geeigneter Zeltplatz wahrscheinlich erst am Pass zu finden. Nach kurzer Diskussion beschließen wir zu bleiben. Wenn uns der Schwarzbär noch einmal aufsuchen und sich nicht vertreiben lassen sollte, würden wir ihn töten und essen – auch das beschließen wir einstimmig. Steaks von Schwarzbären sollen übrigens, im Gegensatz zu Grizzlyfleisch, sehr lecker sein. Wegen der Gefahr einer Trichineninfektion müssten wir das Fleisch allerdings gut durchbraten.

Solang es hell ist, werden wir eine Wache dort aufstellen, wo wir die Schwarzbären vor zwei Tagen fotografiert haben. Von der Stelle aus hat man einen guten Überblick nach Norden, und der Schwarzbär dürfte – den Spuren nach zu urteilen – in diese Richtung gezogen sein. Nach Einbruch der Dunkelheit werden wir abwechselnd die ganze Nacht über am Lagerplatz Wache halten.

„Ich geh dann und übernehme die erste Wache!", sagt Christoph und schultert die Flinte. „Christian, kannst du mich dann irgendwann ablösen?"

„Natürlich!", antworte ich. Dass der Bär von den vier Unterlagsmatten ausgerechnet die von Christoph zerfetzt hat, scheint er fast persönlich zu nehmen.

Niclas und Grischi bereiten das Abendessen zu, während ich mich um einen gemütlichen Platz für die Nachtwache kümmere. Vor den beiden Zelten baue ich mithilfe einer Wurzel und einiger Äste eine Sitzgelegenheit, die ich mit einigen Packsäcken und Planen gegen den Wind schütze. Die Nächte sind mittlerweile bereits sehr kühl. Weiters schlage ich V-förmig zwei Schussschneisen in die Büsche, sodass wir in alle Richtungen etwas Sicht haben und vor allem den Kochplatz überblicken können.

Nach einer Stunde löse ich Christoph ab und mache es mir auf einem Baumstamm gemütlich. Einmal mehr genieße ich die prächtige Abendstimmung, lausche den Geräuschen der arktischen Wildnis und achte auf jede kleinste Bewegung.

Plötzlich beginnt ein großer Ast einer Erle am Ufer des Redstone hin und her zu wackeln. Die Szene wirkt für mich etwas seltsam, weil ich kein Tier ausmachen kann, das dafür verantwortlich ist. Lautlos fällt der Ast schließlich ins Wasser. Mit dem Fernglas erkenne ich den „Übeltäter". Ein Biber hat den Ast geschickt gefällt und kämpft sich nun mit der Beute im Maul den Redstone River flussaufwärts. Gegen den Strom plagt er sich so sehr, dass ich ihm am liebsten meine Hilfe anbieten und den Ast bis zu seiner Burg tragen würde.

Ich kann einen zweiten Biber beobachten, der dem ersten schließlich zu Hilfe eilt; gemeinsam bringen sie die Beute zu ihrer Behausung. Ich habe in Kanada und Alaska schon unendlich viele Biber gesehen, sie aber noch nie bei ihren Aktivitäten so ungestört beobachten können wie an diesem Abend. Dieses einzigartige Erlebnis ist für mich derart faszinierend, dass meine Wut auf den Schwarzbären zumindest in diesem Augenblick wie verflogen ist. Plötzlich kommt noch mehr Bewegung in die Szene. Zwischen den Büschen kommt mir in etwa fünfzig Meter Entfernung ein riesiges Tier entgegen. Sein Kopf ist zwar noch nicht zu sehen, doch es ist definitiv zu groß für einen Schwarzbären. Da sehe ich auch schon einen mächtigen Buckel! „Verdammt – ein Grizzly!", denke ich im ersten Moment. Doch kurz darauf wird der Kopf einer Elchkuh erkennbar. Dahinter tritt ein weiterer Elch aus. Es ist ein Bulle mittleren Alters, der sich anscheinend bereits vor der Brunft seine Partnerin ausgesucht hat. Fast lautlos ziehen die beiden mächtigen Tiere in meine Richtung. Ich bin überwältigt von dem Anblick und vermeine mit meiner Umwelt zu verschmelzen. Gibt es Schöneres, als allein in der Natur zu sein und Wildtiere zu beobachten? Vor allem dann, wenn diese einen nicht wahrgenommen haben und sich aus diesem Grund ganz natürlich verhalten. Es ist genau dieses Gefühl, das mich auch zu Hause zur Jagd

bewegt – nicht die Lust am Töten oder der Reiz der Trophäe.

Hinter mir tut sich auch etwas. Schritte sind zu hören. Grischi kommt, um mich abzulösen. Ich deute ihm, sich ruhig zu verhalten, doch die beiden Elche haben ihn schon bemerkt und blicken uns überrascht an. Nach wenigen Augenblicken verschwinden sie im Gebüsch – die Bühne ist wieder leer.

„Wir haben gelost", flüstert er schließlich, „ich meine, wegen der Nachtwache! Christoph hat die erste Zwei-Stunden-Schicht, Niclas die zweite, danach komme ich und zu guter Letzt du!"

„Cool!", antworte ich, „Christoph hat zwar den Hauptgewinn, aber die letzten beiden Stunden sind immerhin besser als mitten in der Nacht."

Ich stapfe zurück zum Lagerplatz und esse mein Abendessen. Niclas und Christoph haben Kaffee und Tee für die bevorstehenden kalten Stunden gebraut. Gegen Mitternacht kriechen wir in die Daunenschlafsäcke, während Christoph die Wache antritt. In der Nacht bleibt es ruhig, und so ist es Grischi, der mich rechtzeitig zu meiner Schicht wachrüttelt. „Es ist saukalt draußen, vor allem, wenn man sich nicht bewegt", bibbert er, als er in seinen Schlafsack kriecht.

Feuchter Nebel hängt im Tal des Redstone River. In Kombination mit der kühlen Brise führt dies nach einiger Zeit in sitzender Position tatsächlich zu einem unangenehmen Kältegefühl. Doch die Stimmung ist einmal mehr überwältigend. Allmählich verblassen die Sterne der Nacht, nur der abnehmende Mond ist noch einige Zeit am Himmel zu erkennen. Über den Bergen der Brooks Range deuten bereits alle Farben von Zartrosa über Rot bis Violett das Ende der Nacht an. Wieder erwartet uns ein strahlend sonniger Tag, und ich freue mich jetzt schon auf den Ivishak Pass und alles, was uns nördlich davon erwartet. Kurze Zeit später leuchten die kargen Gipfel der Gebirgskette ostseitig in wunderschön rötlichem Licht. Bis die wärmenden Strahlen der Sonne unser Tal erreichen, wird es noch einige Zeit dauern.

All diese Eindrücke brennen sich in mir für immer fest, und ich fühle eine Art von großer innerer Dankbarkeit. Der Bärenbesuch vom Vortag hat uns zwar unangenehme Probleme gebracht. Wir werden beim nächsten Regen wahrscheinlich auch im Zelt nass werden, in der Dunkelheit werden uns die Moskitos heimsuchen und unsere schutzlosen Gesichter anzapfen, jede vierte Nacht auf einer zerstörten Matte wird eine schlaflose sein. Trotzdem beginne ich in diesem Moment Frieden zu schließen – mit unserem Feind, dem Schwarzbären.

Im Land der Karibus

Christoph Biedermann

Wir haben den ersten Teil unserer Brooks-Range-Überquerung bewältigt, die Zelte stehen auf dem höchsten Punkt des Ivishak Passes. Der schwierigste Teil der Portage ist somit geschafft, ab nun müssen wir mit dem Gepäck „nur mehr bergab". Gleichzeitig beginnt die eigentliche Herausforderung, stellt sich zugleich das große Fragezeichen des ganzen Unternehmens – der Cutler River. Ein völlig unbekannter Fluss liegt vor uns, wir wissen nichts über ihn. Gibt es Untiefen oder Stromschnellen oder – was noch wichtiger ist – führt er überhaupt genug Wasser, um ein Boot zu tragen? Wenn nicht, warten bis zum Noatak viele Kilometer mühsamer Fußmarsch mit vollem Gepäck auf uns! Und noch etwas beschäftigt uns – die nördliche Tundra ist nicht nur das Land der Karibus – sie ist auch das Land der Grizzlies!

Am Ivishak Pass

Heftiger Wind bläst mir ins Gesicht, dichter Nebel verdeckt mir die Sicht auf die karge Umgebung. Ich ziehe den Kopf zurück ins Zelt. „Verdammt, mach den Eingang zu!", brummt Christian verärgert und dreht sich im Schlafsack um.

„Leider!", gebe ich zurück. „Aus der Traum! Zeit zum Aufstehen!"

Schläfrig krieche ich durch den schmalen Eingang ins Freie und schlüpfe in die feuchten Bergschuhe. Mit einem Mal bin ich heraus aus der wohligen Wärme der Schlafstätte und dem kalten Bergwind ausgesetzt, eine schreckliche Folter! Schon nach wenigen Sekunden zittere ich am ganzen Körper. Mit hastigen Schritten spurte ich zur großen Plane, unter der unsere Ausrüstung verstaut ist. Alles, selbst unsere Kleidung, liegt über Nacht dort verdeckt, um keine Geruchsquelle ins Zelt zu bringen. Selbst hier oben müssen wir mit Bären rechnen.

Sobald ich mich annähernd adjustiert habe, blicke ich mich um. Die Sonne, die mein Leid beenden und endlich Wärme spenden könnte, steht noch hinter einer Bergspitze, dichter Nebel fällt wie ein Wasserfall von allen Seiten herab, nieder auf unsere Lagerstätte am Ivishak Pass.

In zwei Tagesetappen haben wir die gesamte Ausrüstung vom Redstone hier herauf geschleppt. Die zerlegten Boote zuerst, am nächsten Tag Zelte und Nahrungskisten. Ein Höhenunterschied von knapp 450 Meter war vom Tal bis zum Ivishak Pass zu bewältigen. Zu Hause eine kleine Wanderung, hier ein Gewaltmarsch. Mit 35 Kilo auf dem Rücken durch dichtes Buschwerk, steile Bachbette und unsichere Geröllhalden – und das Ganze im Doppelpack! Doch wir haben es geschafft, unverletzt! Nun gilt es, über den Pass zu gelangen und das gleiche Kunststück auf der anderen Seite bergab zu vollbringen. Damit wird diesmal die Höhe auf unserer Seite sein, wir müssen das Gepäck nur bergab transportieren. Ich freue mich schon auf den Weg, denn er verspricht das, worauf ich schon lange warte – Tundra, eine bis auf wenig Gebüsch unendlich weite, baumlose Landschaft.

Langsam lichten sich die Schleier des Nebels, die Luft gibt den Blick nach Norden frei. Unser Weg wird uns in einen von mächtigen Bergen umstandenen Kessel führen. Fern im Süden blitzen Gewitterwolken auf. Gott sei Dank haben wir die Wetterscheide schon überschritten!

Langsam krabbeln auch die anderen aus den Zelten, ein schnelles Frühstück wird bereitet, vier Rucksäcke zusammengestellt.

Eine schrecklich nette Familie

Obwohl nur auf etwa 700 Meter Seehöhe, komme ich mir vor wie im Hochgebirge – soweit das Auge reicht, karge, baumlose Gegend. Ich bin fasziniert von der scharfen Trennlinie zwischen Taiga und Tundra. Beim Aufstieg vom Redstone River haben wir uns durch dichtes Buschwerk aus Bäumen und Sträuchern kämpfen müssen. Doch nördlich des Gebirgskamms erwarten uns deutlich bessere Marschbedingungen.

Die Rucksäcke stehen am Boden und erwarten ihre Träger. Die Gepäckstücke sind zum Teil ungleich schwer – das Los wird entscheiden, wer welchen schleppen muss.

Als wir aufbrechen, verziehen sich die letzten Nebelreste, die umliegenden Hänge werden sichtbar. Keine 200 Meter entfernt tauchen plötzlich wie aus dem Nichts zwei Karibubullen auf! Sie haben uns nicht bemerkt, wir können sie also ungestört beobachten. Der größere – er trägt ein gewaltiges Geweih – schreitet majestätisch voran, der offensichtlich jüngere tapst langsamer und mit gehörigem Respektabstand hinterher, seine Stangen sind noch im Bast. Der Wind fällt vom Gipfel nieder, die Bedingungen stehen also gut für uns, die Karibus werden uns nicht wittern. Einzelne kleine Sträucher säumen den uns gegenüberliegenden Hang, mehrere große Felsbrocken bilden eine schmale Schneise, entlang derer die zwei Tiere langsam zu unserem Lager niedersteigen.

Grizzlyspur

Vorsichtig, jeden Schritt abwägend, kommen sie näher, nur eine kleine Sumpffläche trennt sie noch von uns. Ich bemerke amüsiert die weißlichen Schwanzwedel, die wie der Stoß eines Vogels vom gewaltigen Rücken abstehen. Bei jedem Schritt wackeln sie wie eine weiße Fahne, die friedliche Absichten signalisiert. Doch die beiden haben nichts zu befürchten, wir haben noch einige Nahrungsreserven.

Wie immer nach einer Wildbegegnung von einem seltsam schönen Gefühl übermannt, schreite ich langsam meinen Kameraden hinterher, die bereits gestartet sind. Es geht hinab Richtung Tal, an kniehohen Büschen entlang, durch kleine Wasserläufe, die sich mit jedem Schritt talwärts vermehren, dann vereinen und schließlich als Zubringer in den gerade entstehenden Cutler River münden. Dieser Fluss soll uns, sobald es die Wassermenge erlaubt, nach Norden zum Noatak River bringen.

Nach einer Stunde schon stehen wir am Ursprung des Flusses. Befahrbar ist er zwar noch nicht, doch ich kann mir vorstellen, dass wir gute Chancen haben, wenn sich die Wassermenge durch ein bis zwei größere Zuflüsse verdoppelt hat.

Wir schreiten kräftig voran – herrlich, über die Tundra zu marschieren! Seit Tagen hat es nicht mehr geregnet, der Boden ist zwar weich, doch nicht zu sumpfig, und wir kommen schnell voran. Felsige Berge rundherum schließen einen Kessel ein, dessen Landschaft nur aus drei Farben zu bestehen scheint: Grün, Gelb und Rot. Dennoch kann ich mich nicht erinnern, jemals einen schöneren Ort gesehen zu haben. Gerade die Schlichtheit, die Kargheit des Umlands macht den besonderen Reiz aus. Wir gehen am Ufer des Cutler entlang, in seinem kristallklaren Wasser spiegelt sich die Umgebung, und man weiß nicht, wohin man das Auge wenden soll, nach oben zur realen oder nach unten zur gespiegelten Welt. Beide wirken unwirklich schön! Die Formen der Berge sind mir nicht vertraut. So schroff sie auch wirken, sind sie doch regelmäßig, fast mathematisch konstruiert. Breite, mächtige Felsgipfel verlaufen sich in von Flechten und Moosen bewachsene Hänge und gehen schließlich in die Tundraebene über. Keine scharfe Grenze, keine Linie unterbricht das Bild. Weit im Norden scheinen die Berge zu enden, doch was auch immer dort hinten liegen mag, der Nebeldunst verdeckt es.

Wir marschieren dem Flussufer entlang; in etwa zwei Kilometer Entfernung erkennen wir ein erstes Seitental, das sich zum Cutler hin öffnet. Dort müsste ein größerer Zufluss einmünden, dann könnte der Fluss befahrbar sein. So jedenfalls unsere optimistische Hoffnung.

An einem gewaltigen Felsblock nahe dem Flüsschen machen wir halt, legen eine Pause ein und verzehren das Mittagessen. Ein gewisser Verwesungsgeschmack beim Verzehr des vor fünf Tagen abgebratenen Gänsefleisches lässt sich zwar nicht verleugnen, der Hunger treibt es jedoch in den leeren Magen. Mit großem Durst trinken wir aus dem Wassersack – ich hätte nie gedacht, dass es hier heroben so heiß werden könnte! Plötzlich bewegt sich etwas am anderen Ufer. „Ein Grizzly", sagt Christian, durchs Fernglas blickend. „Eine Bärin mit … einem, zwei, … nein! Sie hat drei Junge!"

Grizzlies führen zwei Junge. Auch wenn ich schon von vieren gehört habe, so sind drei jedenfalls auch sehr selten. Umso weniger darf man darauf vergessen, und ducke mich hinter jeden Stein oder Strauch auf dem Weg dorthin. Immer näher komme ich den Objekten und knipse, was das Zeug hält. Doch der „goldene Schuss" ist noch nicht dabei. Schon will ich noch näher heran, da fühle ich eine Hand auf meinem Rücken. Christian ist mir nachgekrochen, die Schrotflinte in der Hand. „Mach keinen Blödsinn, Christoph! Komm mit zurück, die verstehen keinen Spaß!" Tatsächlich sind die Tiere

Sanft und friedlich
Im Quellgebiet des Cutler River

sehr vorsichtig zu sein. Es ist jedenfalls gut, dass wir die Bären zuerst gesehen haben, noch trotten sie vergnüglich im Gänsemarsch am anderen Ufer entlang.

Zu dumm, dass wir das Zoomobjektiv nicht mithaben, denke ich und pirsche mich vorsichtig etwas näher. Mit meiner unzureichenden Vergrößerung kann ich gar nichts erkennen, geschweige denn fotografieren. Ich robbe auf den Knien Richtung der pelzigen Familie schon auf knapp hundert Schritt herangekommen und trotten weiter auf uns zu! Wir treten den Rückzug zu unserem Felsen an.

Als wir bei Grischi und Niclas angekommen sind, ist die Bärin nur noch 70 Schritte entfernt, sie scheint etwas gewittert zu haben, stellt sich auf die Hinterbeine und schnüffelt. Ihre mächtige Gestalt ist von hellbraunem Pelz überzogen, ein heller Fleck prangt an ihrer

Karibus
Ivishak Pass

Brust. Aufgrund ihrer Masse wirkt sie auf den ersten Blick zwar plump, dennoch ist jede ihrer Bewegungen von unglaublicher, fast katzenartiger Geschmeidigkeit.

Jetzt kann man auch die Jungen besser erkennen. Sie sind verschieden gefärbt, eines ist fast schwarz, die anderen eher hell. Schritt für Schritt kommen sie näher, es scheint, als würden wir sie magnetisch anziehen. „Mit dem Menschengeruch scheinen sie nicht besonders viel anfangen zu können, jedenfalls verbinden sie damit keinerlei Gefahr!", meint Niclas in zunehmender Sorge. „Wir sollten uns auf den Felsen zurückziehen!"

Gesagt getan, wir klettern alle auf den gut zwei Meter hohen Klotz und laden die Waffe mit Flintenlaufgeschossen. Ich fotografiere weiter, doch irgendwann vergeht mir die Lust, sie kommen immer näher. „Wir sollten uns zu erkennen geben!", meint Christian. „ Auf dem Felsen sind wir zwar halbwegs sicher, aber unser ganzes Zeug liegt da unten!"

Wir schreien und rufen, wedeln mit den Händen und machen sonstwie auf uns aufmerksam. Die Bärin nimmt keine Notiz von uns, geht stur weiter. Dann macht sie doch halt, richtet sich zu ihrer maximalen Größe auf und rennt unvermittelt los – in unsere Richtung! Zwei, drei Riesensätze, schon ist sie ganz nah! Dann scheint sie sich allerdings zu besinnen, irgendetwas ist ihr doch nicht geheuer, sie bleibt abrupt stehen, macht kehrt und flieht, gefolgt von zwei ihrer Jungen, auf und davon, in die Richtung, aus der wir gerade gekommen sind. Sekunden später ist sie spurlos verschwunden.

Das dritte Junge trottet derweil verträumt weiter, es ist am Weg etwas zurückgeblieben und hat die rasche Flucht der restlichen Familie noch nicht registriert. Doch nun bemerkt es, dass es allein ist. Und es scheint auch uns zu wittern, stellt sich, wie seine Mutter wenige Augenblicke zuvor, auf die Hinterbeine und blickt schnüffelnd um sich. Gebannt beobachten wir die Szene. Wie drollig der Kleine doch aussieht! Dann wird das Bärenjunge unruhig, rennt suchend im Kreis und stößt Klagelaute aus. Doch die Mutter kommt nicht zurück – Gott sei Dank, denke ich. Das alleingelassene Jungtier sieht endlich ein, dass es mit seiner Taktik nicht weiterkommen wird, und nimmt schließlich lauthals schreiend, mit dicht über dem Boden gehaltenem Näschen die Verfolgung auf.

Erleichtert steigen wir von unserem Wehrturm, schultern das Gepäck und sind froh, erst einmal in die andere Richtung weiterziehen zu dürfen!

Hello, Dolly!

Es wäre jetzt so leicht, denke ich. Einfach zielen, entsichern und durchziehen. Das Karibu hat uns noch nicht bemerkt, keine fünfzig Schritte steht es vor uns. Es kaut genüsslich das saftige Gras am feuchten Tundraboden, nur dann und wann scheint es etwas zu wittern, hält kurz inne, dreht uns das Haupt zu und verharrt für einige Augenblicke bewegungslos. Ich befühle nervös die Flintenlaufgeschosse in meinem Gürtel, eines davon würde ausreichen, das Hundert Kilo-Tier niederzustrecken!

Geduld ist unser Trumpf – nichts überhasten, ein, zwei Schritte gehen, dann wieder niederducken und warten. Aus wenigen hundert Meter wird somit zwar ein fast einstündiger Pirschgang, doch das zeigt einmal mehr, dass die größte Waffe des Jägers eben die Geduld ist. Wir kommen erstaunlich weit heran – kaum zu glauben bei dieser offenen, fast strauchfreien Landschaft!

Ich drehe mich vorsichtig um, hinter mir liegt Christian in ähnlicher Körper- und Gefühlslage, auch er scheint nicht sicher zu sein, was zu tun ist. Kein Mensch ist hier, niemand würde je hierher kommen. Mit einem einzigen Schuss wären unsere Nahrungsprobleme für die nächsten Tage gelöst. Wir hätten herrliches Fleisch, müssten keine Zeit mit Fischen verschwenden oder uns mit kleinen Flugwildhappen über Wasser halten. Ich sehe die saftigen Steaks in der Pfanne, ich male mir aus, wie herrlich Preiselbeeren dazu schmecken. Gedankenverloren pflücke ich zwei der überreifen Lingenberries, wie sie in Alaska genannt werden, die überall um mich herum wachsen. Es ist kein wirklicher Notfall, denke ich, wir haben noch zu essen, wir sind nicht am Verhungern! Ich darf das einfach nicht tun! Ich drehe mich noch einmal um, Christian zuckt unsicher die Schultern. Wenn wir je eine Chance auf viel Fleisch haben, dann diese hier! Warum sind wir eigentlich in dieser Situation? Eigentlich wollen wir Gänse jagen – der Teufel weiß, was uns so weit heraus in die Tundra gebracht hat, zwei Marschkilometer weg von unserem Lager, zu diesem einzelnen, nichts ahnenden, friedlich kauenden Karibu. Es zu töten, wäre falsch, weil wir in keiner wirklichen Notlage sind. Ich kehre langsam um, pirsche zu meinem Freund zurück, und wir machen uns schweigend auf den Rückweg zum Lager. Das Karibu frisst genüsslich weiter, es ahnt ja nicht, dass es um ein Haar in die ewigen Jagdgründe eingegangen wäre!

*

Wir kommen mit dem gesamten Gepäck am Cutler River an. Zwei Tage lockerer Fußmarsch haben dazu ausgereicht. Der Fluss führt mittlerweile so viel Wasser, dass wir einen Versuch mit den Booten starten können. Kein Mensch hat diese Gewässer von hier oben aus befahren, zumindest haben wir noch nie davon gehört oder gelesen. Gibt es Stromschnellen, wie ist die Wassermenge und in welcher Zeit können wir es schaffen? Das sind die quälendsten Fragen im Moment.

Am Vorabend unseres Startversuchs erfreut uns die Abendsonne mit einem besonderen Schauspiel. Tiefrot

Einsames Lager
Am Cutler River

Nach einem Bärenbesuch

leuchtet der Himmel, Wolkentürme sammeln sich im Licht der untergehenden Sonne. Kein Laut – außer dem Plätschern des Flusses – ist zu hören. Langsam wechselt die Farbe zu Orange, taucht dann in dunkles Violett. Beeindruckt starren wir auf das Schauspiel, sehen den abendlichen Himmel in den schönsten Farben erstrahlen, rundherum die Berge der Brooks Range, in gleißendem Rot leuchtend, ein faszinierender Anblick!

„Bin gespannt, wie's morgen ist!", meint Grischi und deutet auf die bereits aufgepumpten und startbereiten Boote. „Ich hoffe, dass das Wasser nicht zu seicht ist für die zwei."

Christian zuckt die Achseln. „Ach was, irgendwie kommen wir schon runter!" Unser Optimismus ist ungebremst, morgen werden wir sehen.

*

Wir starten am späten Vormittag, Christian und ich bilden die eine, Niclas und Grischi die andere Bootsmannschaft. Die ersten Kilometer erweisen sich als schwierig. Die Wassertiefe ist mit knapp dreißig Zentimeter noch immer etwas zu seicht für unsere Boote, sodass wir immer wieder aussteigen müssen. Aus dem Wasser ragende Felsen bilden längere oder kürzere Slalomstrecken. Ist das Wasser zu seicht oder die Stelle zu gefährlich, treideln wir das Boot.

Ich bin zufrieden, dass der Fluss wenig Wasser führt, denn bei größerem Tiefgang wären wir sicher mit dem einen oder anderen Hindernis kollidiert. Die Fließgeschwindigkeit ist nämlich alles andere als langsam, wir müssen schon jetzt an manchen Stellen zusehen, rechtzeitig aus den Booten zu kommen. Doch es dauert nicht lang, und wir können größere Strecken durchgehend im Boot zurücklegen.

Mit jedem Kilometer wird der Fluss befahrbarer, mit jedem Paddelschlag kann man die wunderschöne Landschaft noch mehr genießen. Eine Wasserstraße durch die Tundra, Fernsicht auf Berge, Hügel und Täler, dazu

Düstere Stimmung
Noatak River

andauernder Sonnenschein – was will man mehr? „Rückenwind wäre schön!", meint Niclas – ich finde, er übertreibt!

Um die Mittagszeit erreichen wir eine besondere Stelle. Das Wasser ist kristallklar, problemlos kann man bis auf den Grund sehen, der in einer Art Flussbecken sicher drei Meter tief liegt. Unter unseren Booten schwimmen Dutzende ellenlange Fische vorbei. „Das sind Dolly Varden!", ruft Christian – und schon springen wir mit allen verfügbaren Angeln an Land. Nach bisher sieben Wochen im Abenteuer sind zwar alle vier Angeln zumindest ihrer Spitze beraubt, sodass wir nur mit Stümpfen fischen können, die Angellust ist uns deshalb aber nicht vergangen!

Schon nach wenigen Minuten schlägt Grischi an und zieht einen ordentlichen Milchner an Land. Dann geht es Schlag auf Schlag – Niclas, wieder Grischi, schließlich Christian und ich gleichzeitig. Unsere Beute zappelt derart an den Leinen, dass die Angelschnüre in kürzester Zeit einen wirren Knoten bilden. Die Nervosität steigt, insbesondere, nachdem wir gesehen haben, was für kapitale Dollies wir an den Haken haben. „Wenn die abreißen ...!", schreie ich. Nicht auszudenken für das Fischerherz!

Schließlich müssen Niclas und Grischi ins Wasser und die „Kämpfer" händisch anlanden. Als wir die gekonnt und sauber ausgelösten Filets im großen Kochtopf verstauen, passt bei weitem nicht alles hinein. Doch wir wissen, dass die Menge für höchstens ein bis zwei Essen reicht, weil wir extrem viel Energie verbrennen. Unwillkürlich denke ich an das Karibu in der Tundra ...

Bis zum Abend schaffen wir zwar nur noch wenige Kilometer, eines wird allerdings immer mehr zur Gewissheit: Der Cutler ist befahrbar, in ein paar Tagen werden wir am Noatak sein!

Cutler River

Was war das? Schritte? Ich richte mich langsam im Schlafsack auf. Ein Blick auf die Uhr verrät mir, dass es sich um keinen meiner Kollegen handeln kann. Dieses Geräusch kam außerdem von weiter her. War es ein Plätschern im Fluss? Ich muss mich getäuscht haben, lege mich wieder hin ...

Schon wieder, ganz nah! Und es kommt näher. Augenblicklich bin ich hellwach! Ich höre Schritte im Schotter vor unserem Zelt, langsam, leise, schleichend! Ich versuche die Hände aus dem Schlafsack zu bekommen – warum bloß ziehe ich ihn immer so fest zu? Langsam, um möglichst kein Geräusch zu verursachen, öffne ich den Reißverschluss. Es ist nichts mehr zu hören; absolute Stille.

Und dann bin ich mir sicher: ein Bär! Niclas neben mir schläft tief und gut, die anderen im zweiten Zelt haben offenbar auch nichts gehört, sonst hätten sie sich wohl gerührt. Ich greife nach der Flinte neben mir – sie

Landschaftsformer Wasser
Am Eingang zum Noatak Canyon

ist geladen, Gott sei Dank. Die Reißverschlüsse von Innen- und Außenzelt werden in Millimeterarbeit geöffnet, nur an der Oberseite, ich benötige vorerst nur einen kleinen Spalt, um hinauszusehen. Draußen ist es schon hell, halb sechs Uhr morgens. Noch kann ich nichts Verdächtiges erkennen und muss die Schießscharte vergrößern. Vorsichtig stecke ich den Kopf hindurch, blicke nach rechts und hoffe, nicht in die funkelnden Augen eines Grizzlies zu sehen. Alles passt zusammen, der Fischgeruch im Lager, der ihn angelockt hat, das Plätschern, die schleichenden Schritte … da!

Kein Bär, kein Wolf, keine Bestie! Keine zehn Schritte vor dem Zelt stehen sieben Karibus, vier alte und drei junge; verunsichert gaffen sie in meine Richtung. So leise ich mich auch verhalten habe, sie haben mich gleich wahrgenommen. Hastig greife ich zurück ins Zelt, um den Fotoapparat aus der wasserdichten Tasche zu holen, da wenden sie sich auch schon in vollem Galopp zur Flucht! Ich sende ihnen drei Schnappschüsse nach – und denke wieder an saftige Steaks. „Die wissen, dass ich Hemmungen habe zu schießen!", fluche ich laut. Wartet nur Freunde, wartet, bis ich einmal richtig Hunger habe …

Im Boot verfliegt der morgendliche Ärger im Nu. Das Rudern ist zwar manchmal eine wahre Qual, insbesondere bei Gegenwind. Trotzdem bin ich überglücklich damit, wenn ich an die Alternative denke: das ganze Zeug zu Fuß am Ufer entlangschleppen! Untiefen werden immer seltener, dafür häufen sich enge, scharfe Flusskurven. Mehr als einmal müssen wir unser Können unter Beweis stellen, von früher weiß ich nur zu genau, was es heißt zu kentern – die Kälte des Wassers, die einem durch Mark und Bein schießt, davontreibende Ausrüstung, Wasser in Nase und Mund …

Mit einem Frösteln wische ich den Gedanken aus meinem Gehirn. Bei dieser Reise will ich solches nicht erleben!

Da, wieder eine kritische Stelle, eine scharfe Kurve nach rechts. Das Wasser rinnt von überall zusammen und treibt uns quasi bergab Richtung Außenkurve, wo vom Ufer hängende Büsche, sogenannte Sweeper, auf uns warten. Christian reißt das Paddel in die Luft und hält es dem Ufer entgegen, um uns gegebenenfalls abzustoßen, ich als Hintermann vollführe eine starke Bremsbewegung, nur so kann ich uns schnell weg vom Ufer bringen.

Das reißende Wasser gurgelt verärgert, wir sind ihm entkommen! Zweige klatschen uns über Brust und Gesicht, doch es sind nur die dünnen Enden, die wirklich dicken Äste haben uns nicht erwischt! Christian und ich rudern wieder auf die Mitte des Flusses zu, das Hindernis ist gemeistert, ich bin erleichtert.

Da hören wir hinter uns lautes Fluchen. Grischi und Niclas sind weniger glücklich als wir zwei. Ihr Boot liegt auf der Seite, sie können es nur mit Mühe umdrehen – und das auch nur, weil das Wasser nicht über die Hüfte reicht. Triefnass und fröstelnd steigen sie ans Ufer. „Jeder muss einmal kentern, Jungs, sonst war man nicht

in Alaska!", meint Christian. Ich muss grinsen. An so einem Tag und in einer Gruppe von vier ist das Kentern kein großes Problem. Doch zu zweit bei strömendem Regen und in tiefem Wasser, ohne alle Hilfe, da ist das etwas ganz anderes – wie gesagt, das will ich nie wieder erleben!

Es folgen noch einige heikle Situationen, Stromschnellen und Kollisionen mit unvermittelt auftauchenden Felsen, doch wir bleiben im Kanu, der Fluss kann uns nicht abwerfen. Mit keinem anderen Boot als dem unseren wäre dieser Fluss zu meistern, jedenfalls nicht bei diesem geringen Wasserstand.

Mit jedem weiteren Tag begegnen wir immer öfter größeren Karibu-Herden, die vom Noatak Tal Richtung Süden ziehen. Der Winter ist nah, und sie suchen den Schutz der südlichen Wälder. Die Eleganz dieser Tiere fasziniert. Sie durchqueren oder durchschwimmen in einer Linie den Cutler River, laufen in kleineren Gruppen über die Tundra oder stehen am Ufer und blicken uns interessiert entgegen – stolze, edle Tiere. Umso mehr stimmen mich die Pläne der Ölindustrie traurig, den Norden Alaskas in naher Zukunft zu erschließen. Wenn ich daran denke, dass Ölbohrtürme, Pipelines und Straßen diese Landschaft vielleicht bald zerstören und die Karibus vertreiben werden, muss ich Zorn und Wehmut unterdrücken. Aber vielleicht gelingt es Menschen, endlich einmal etwas richtig zu machen und nicht immer den Profit über alles andere zu stellen.

Nach drei aufregenden Tagen am Cutler erreichen wir spät abends den Noatak River. Zufrieden landen wir an der Mündung an, die größte Gefahr ist vorüber, das unbekannte Gebiet ist durchquert. Ab jetzt werden wir uns auf einem zwar einsamen, in Flussbeschreibungen aber erwähnten Fluss bewegen. Bald sitzen wir um ein großes knisterndes Feuer und denken zurück an die vergangenen Tage im Land der Karibus.

Essen tut mir nicht leid!

Christian Langegger

In Bezug auf Jagen wurde Niclas am Beginn der Reise von uns dreien oft gehänselt – mit Grund: Christoph, Grischi und ich hatten unseren Wehrdienst beim Bundesheer brav absolviert, Niclas hingegen war ein sogenannter „Wehrdienstverweigerer" – ein Zivildiener, der den Dienst mit der Waffe aus ideologischen Gründen abgelehnt hatte. Aus diesem Grund bekam er von uns immer wieder Sätze zu hören wie „Bist du sicher, dass du mit einer Waffe umgehen kannst ..." oder „Bist du überhaupt fähig, ein Tier zu töten?". Niclas hatte sich bald eine schlagfertige Antwort zurechtgelegt: „Essen tut mir nicht leid!"

Und wirklich: Aus dem Zivildiener wurde im Lauf des Abenteuers ein kaltblütiger Jäger. Bereits in den Monaten der Vorbereitung hatte er sich im Schrotschießen geübt und war ein sicherer Schütze geworden. So war es normal, dass wir uns bei der Jagd mit der Flinte als Schützen abwechselten.

*

An diesem Tag – es ist ein wunderschöner Herbstabend im „Indian Summer" in der westlichen Brooks Range – ist wieder Niclas an der Reihe. Die Fleisch- und Fischreserven sind fast völlig aufgebraucht, der Hunger aufgrund der körperlichen Strapazen in den vergangenen Tagen hingegen deutlich gestiegen.

Unser Zeltplatz liegt idyllisch – genau an der Mündung des Cutler River in den Noatak. Seit mittlerweile über einer Woche befinden wir uns nördlich der Baumgrenze in einer traumhaften Tundralandschaft. Genauso traumhaft ist das Wetter, Sonnenschein pur. Christoph und Grischi sind für die Zubereitung des Abendessens zuständig. Die letzten Proteinreserven – gebeizte Forellenfilets und gesalzenes Gänsefleisch – werden dafür „draufgehen". Außerdem wollen die beiden ihr Angelglück versuchen. Aufsteigende Hundslachse sammeln sich mündungsnah im Kehrwasser, um sich an das neue kristallklare Wasser des Cutler zu gewöhnen. Um diese Zeit sind auch die Grizzlybären gern am Fluss. Für sie werden die im Spätsommer aufsteigenden Lachse zu einem Festmahl – oft hängt vom Erfolg beim Lachsfang das Überleben der Bären im Winter ab. Zur Sicherheit lassen wir eine der beiden Waffen bei Christoph und

Staunen
Zwei Moschus Ochsen

Grischi am Zeltplatz zurück. Niclas schultert die zweite Flinte, ich „bewaffne" mich mit dem kleinen Fernglas, einigen verschließbaren Kunststoffbeuteln für hoffentlich zu findende Preiselbeeren und vor allem mit genügend Munition. Wir beschließen, unser Glück an einem westlich gelegenen Hügel zu versuchen. Zuerst müssen wir uns durch dichtes Ufergestrüpp kämpfen, danach geht es etwa hundert Meter steil bergauf. Oben angekommen, genießen wir den herrlichen Ausblick. Im Osten glitzert das türkisfarbene Wasser des Noatak, der nach dem Zusammenfluss mit dem kristallklaren Cutler River nach Nordwesten abbiegt. Die von einigen kleinen bis mittelgroßen Seen unterbrochene Tundralandschaft scheint unendlich weit. Im Süden türmen sich die kargen Berge der Brooks Range, deren südliche Gebirgsgruppe wir in der letzten Woche überquert haben. Mit dem Fernglas leuchte ich die weite Tundraebene ab. In etwa zwei Kilometer Entfernung entdecke ich eine Mulde, in der ich einen See vermute. Wir beschließen, in diese Richtung zu pirschen.

Auf dem holprigen, meist harten Tundraboden kommen wir schnell voran. Immer wieder halten uns knallrote Preiselbeeren auf, die an manchen Stellen wie in Trauben aus der Bodenvegetation hervorleuchten. Eigentlich wäre jetzt „Blackberry Time", wie es die Einheimischen nennen. Die Blaubeerzeit ist zu unserem Leidwesen vorüber, dafür stehen die kleineren Schwarzbeeren, Blackberries, eben in bester Reife. Die Preiselbeeren sind wie bei uns in Österreich die letzten Beeren, die reif werden – besonders gut Ding braucht eben besonders lang Weile. In diesem Sommer sind wegen des hervorragen-

den Wetters die Preiselbeeren zum Teil aber schon Ende August ausgereift – und wir inzwischen süchtig nach Wildfleisch, garniert mit selbst gemachter Preiselbeermarmelade. Daher nehmen wir zur Jagd fast immer kleine Plastiktüten mit, die wir bei etwas Glück mit den köstlichen Beeren füllen. Das Sammelgut wird zermantscht und mit Zucker vermengt – die Zubereitung ist also eine „männlich" einfache, das Ergebnis dennoch eine köstliche Marmelade.

„Wir sollten weitermarschieren, wenn wir den See noch bei Tageslicht erreichen wollen!", bemerke ich.

Schmackhafte Beute
Ein Dolly Varden

Niclas, der geborene „Sammler", blickt skeptisch in den Himmel, danach wieder kopfschüttelnd auf den Boden: „Was für eine Verschwendung, all diese Beeren zurückzulassen!"

Doch die angebrochene Dämmerung gemahnt an unser eigentliches Vorhaben: die Jagd auf Fleisch.

Mit dem Fernglas mache ich einige Kilometer entfernt eine kleine Herde Karibus aus, die eilig nach Westen ziehen – egal, mit der Kleinwildjagdlizenz dürfen wir sie sowieso nicht jagen, außer in einer lebensbedrohlichen Hungersituation. Der Hunger ist zwar mittlerweile immens groß, doch (in diesem Fall „leider") noch

Schmackhafte Beute
Ein Silberlachs

nicht bedrohlich. Wir ziehen weiter Richtung See, wo ich frisches Gestüber von Schneehühnern entdecke. Die Vegetation bietet in dieser Gegend ein hervorragendes Habitat für diese Hühnervögel, die in den Blau- und Preiselbeersträuchern ausreichend Nahrung und Deckung finden. Sie sind meistens in Ketten von fünf bis zwanzig Tieren unterwegs. Die Jagd auf Schneehühner verlangt höchste Konzentration. Bei geringstem Anzeichen von Gefahr ducken sie sich dicht in die Verstecke und lassen Feinde oft auf einen Meter herankommen. Hat man aber eine Kette aufgestöbert, kann man oft mehrere von ihnen erlegen, weil die Vögel meist in unmittelbarer Nähe wieder niedergehen. Niclas pirscht – einen Steinwurf von mir entfernt – vorwärts; hochkonzentriert hält er die Flinte schussbereit in den Händen. Schneehühner lassen sich aber leider keine blicken.

Wir gelangen auf einen kleinen Hügel. Von der Anhöhe aus können wir unser Ziel, den See, gut einsehen. Zuerst suche ich mit dem Fernglas die Wasseroberfläche grob nach Flugwild ab. Sollten wir Tundraschwäne oder Gänse entdecken, würden diese natürlich bevorzugt bejagt. Doch in diesem Fall kann ich keine größeren Beutetiere ausmachen. Danach leuchte ich das Ufer ab und achte dabei auf jede kleinste Bewegung. Oft verstecken sich Enten in den Schachtelhalmen im Uferbereich und sind im ersten Moment kaum sichtbar. „Dort, etwas links vom gelben Strauch, ist irgendwas", flüstere ich. In diesem Fall verraten mir kleine Wellen am gegenüberliegenden Ufer die Anwesenheit von Wasservögeln. Beim längeren Beobachten erkenne ich insgesamt vier Enten. Zwei „pocket ducks", eine wohlschmeckende Zwergentenart, und zwei größere Exemplare. Etwas weiter entfernt entdecke ich noch weitere Vögel, es scheint sich hierbei um eine Familie zu handeln. Auch wenn die Jungen um diese Zeit schon sehr groß sind, so bevorzugen wir, vor allem wegen der weitaus größeren Brüstchen, doch Alttiere.

Die Taktik ist rasch beschlossen. Der Zivildiener wird zur Waffe greifen und sich an die zwei größeren Enten heranpirschen. Währenddessen werde ich auf dem Hügel verweilen, die Szene aufmerksam beobachten und Niclas bei Bedarf Handzeichen geben.

„Hast du genügend Munition?", frage ich.

Niclas durchwühlt sämtliche Taschen. „Gib mir sicherheitshalber noch ein paar Schuss!", antwortet er.

Ich reiche ihm vier Stück aus meinem Patronengurt. „Du weißt ja – so wenig Munition wie möglich verwenden – wir dürfen nichts mehr vergeuden, müssen bis Kotzebue mit dem auskommen, was wir noch haben", gebe ich Niclas mit auf den Weg.

Er grinst: „Du kannst dich auf mich verlassen!"

Ich blicke in die Augen eines kaltblütigen Jägers, bereit zum Töten, das für ihn bereits zur Routine geworden ist. Hier in der Wildnis wird eben aus jedem ein anderer. Proportional zum Hunger steigt selbst beim überzeugtesten Nichtjäger der Jagdinstinkt, während das Erbarmen mit essbaren Wildtieren sinkt.

Niclas läuft geduckt den Hügel auf der dem See abgewandten Seite hinunter und nimmt einen großen Umweg in Kauf, um nur ja unentdeckt zu bleiben.

Ich für meinen Teil genieße vorerst die prächtige Abendstimmung und lausche den Geräuschen der arktischen Wildnis. Gänsegeschnatter erregt meine Aufmerksamkeit. Ich blicke in den Himmel und sehe die typische V-Form einer Schar Kanadagänse, die in großer Höhe über meinen Kopf hinwegfliegen. Weit entfernt höre ich das melancholische Schreien eines Arctic Loons, eines arktischen Seetauchers, dessen unheimliches Heulen mich an eine Mischung aus Wolfsgeheul und Eulengeschrei erinnert. Der Himmel ist von einem hauchdünnen Wolkenschleier überzogen, der von Weiß über Blassrosa bis ins Tiefrote reicht, bevor die Farben wieder in umgekehrter Reihenfolge im Süden verblassen. Darunter die kargen Berge der Brooks Range, umrahmt von einer Tundralandschaft, die in sämtlichen Farben erstrahlt, die der arktische Herbst zu bieten hat. Zu guter Letzt wird die gesamte, fast schon kitschige Stimmung auf der spiegelglatten Wasseroberfläche des Sees verdoppelt. Für einen Moment vergesse ich alles, ich fühle mich einfach nur wohl in diesem Land.

Just in diesen Augenblicken des Zufriedenseins und der inneren Dankbarkeit passiert etwas Eigenartiges: In Bruchteilen einer Sekunde packen mich plötzlich messerscharfe Krallen am Hinterkopf. Mir rutscht das Herz in die Hose. Mit einer Abwehrbewegung beider Hände streife ich meine Mütze vom Kopf und werde den Angreifer wieder los. Für einen Moment weiß ich gar nichts mehr. Wer ist mein Feind? Ich habe mich absolut sicher gefühlt und mit einem Ausblick von mindestens 500 Meter in jede Richtung zuvor sämtliche mögliche Gefahren ausgeschlossen. Als ich mich umdrehe, sehe ich, wie ein mittelgroßer Vogel völlig lautlos auf meinen Kopf zugleitet. Erst einen Meter vor mir dreht er ab, als ich meine Hände neuerlich schützend vors Gesicht schlage. Ich blicke in die starren Augen einer arktischen Schneeeule, die lautlos über meinen Kopf hinweggleitet und mir dabei mit ruckartigen Kopfbewegungen direkt in die Augen blickt. Ich hole tief Luft und muss ziemlich lachen, obwohl der Angreifer mindestens noch fünf Mal „Anlauf" nimmt. Ich habe keine Erklärung für das

Verhalten dieser Eule. Vielleicht wollte sie nur auf meinem Kopf landen, um in der baumlosen Tundra eine gute Aussicht zu haben, oder sie wollte mich einfach nur erschrecken – dies ist ihr jedenfalls ganz gewiss gelungen!

Ich hebe meine Mütze vom Boden auf und konzentriere mich wieder auf das Geschehen am See. Niclas nähert sich bereits der anderen Uferseite. Zuerst bewegt er sich gehend vorwärts, danach auf allen vieren, und schließlich geht er ins Kriechen über. Das Anpirschen in der Tundra ist aufgrund der fehlenden Deckung schwierig. Ich deute ihm, sich nach links zu wenden, da die beiden großen Enten in diese Richtung geschwommen sind, doch Niclas kann mich in der Dämmerung gegen das Licht nicht mehr wahrnehmen und kriecht weiter geradeaus. Die beiden Zwergenten halten sich noch an derselben Stelle auf. Niclas ist bereits auf Schrotschussentfernung an sie herangekommen. Gespannt beobachte ich das Geschehen aus der Ferne, mein leerer Magen leidet mit.

„Warum schießt er nicht?", frage ich mich. „Hat er doch Mitleid mit dieser kleinen Entenart?"

Doch da unterbricht ein Schuss die Stille der anbrechenden Nacht. Niclas hat gewartet, bis beide Enten unmittelbar nebeneinander platziert sind, um beide mit nur einem Schuss zu erlegen. Im ersten Moment scheint ihm das auch gelungen zu sein – beide Vögel bleiben im Wasser liegen, während andere Enten unter wildem Geschnatter auffliegen. Ich blicke in das Fernglas und sehe eine Ente verkehrt im Wasser schwimmen. Die andere jedoch hält das Köpfchen nach oben und scheint langsam auf den See hinauszufliehen. Niclas steht am Ufer und entkleidet sich langsam, eilig hat er es offenbar nicht.

„Ich glaube, du musst noch einmal schießen, eine ist nur verletzt!", rufe ich Niclas zu.

Niclas zögert kurz und beobachtet die Ente. „Geh – die macht nur noch ihre letzten Zucker!", ist seine Antwort.

„Du musst es wissen, du bist näher als ich!"

Doch ich zweifle weiter an seiner Entscheidung. Niclas springt splitternackt in den See, sein Opfer siegessicher im Visier – ein Bild für Götter. Auf diese Weise sind wir in letzter Zeit schon in mehr als dreißig verschiedenen Seen weit nördlich des Polarkreises zum Schwimmen gekommen. Das ist der Preis für die Beute, hinein ins kalte Nass ohne Rücksicht auf Verluste. Niclas schwimmt an der toten Ente vorbei und steuert mit hastigen Schwimmbewegungen die verletzte Ente an. Die aber hat in Niclas ihren Mörder erkannt und mobilisiert die letzten Kräfte. Mich erinnert die Situation an mein eigenes Wettschwimmen mit einer geflügelten Gans vor etwas mehr als einer Woche, das ich nach einer Stunde erschöpft als Verlierer aufgeben musste. Doch der Verfolger gibt alles und kommt dem vermeintlichen Braten näher. Die Ruder dieser Zwergentenart sind anscheinend nicht ähnlich geschwindigkeitstauglich wie die kräftigen Ruderschläge einer ausgewachsenen Kanadagans. Opfer und Jäger befinden sich bereits in der Mitte des Sees, der Abstand zwischen beiden beträgt nur noch etwa einen Meter. Niclas setzt zum finalen Sprung an. Mit einer siegessicheren, blitzartigen beidhändigen Armbewegung wirft er sich seiner Beute entgegen. Doch die Ente macht das, was sie nach Schwimmen und Fliegen am besten kann – sie taucht.

Ein lauter, bösartiger Schrei unterbricht ein weiteres Mal die stille Nacht in der arktischen Tundra. Mit diesem Manöver hat Niclas nicht gerechnet. Die Ente taucht in einiger Entfernung wieder auf, der Jäger nimmt die Verfolgung neuerlich auf. Wieder lässt ihn die Beute bis auf einen Meter heran, ehe sie die Flucht unter der Wasseroberfläche fortsetzt. Niclas muss schließlich fluchend aufgeben.

Es ist schon fast dunkel, als er mich frustriert mit einer einzigen Mini-Ente in der Hand erreicht. „Sag nichts – ich weiß – du hast es mir gesagt!", stößt er hervor und meint damit, dass er ein zweites Mal schießen hätte sollen.

Obwohl ich beim Anblick des winzigen Bratens mit großer Sorge an meinen leeren Magen denke, kann ich ein leichtes Grinsen nicht ganz verbergen und nehme ihm die Hand voll Beute ab.

„Hauptsache – du hast Munition gespart!", scherze ich, doch zum Lachen ist Niclas in diesem Moment absolut nicht zumute.

Hunger

Christian Langegger

Bei einer Wildnisreise, bei der man mit Ausnahme von Grundnahrungsmitteln wie Mehl und Reis keine Nahrung mitnimmt, überschattet mit zunehmender Dauer ein Thema alles andere: Essen!

Diese Geschichte, deren Handlungsbogen sich über die gesamte in diesem Buch beschriebene Reise spannt, soll einen Eindruck über die verschiedenen Episoden des Hungerns sowie den zunehmenden Verlust von hygienischen und auch kulinarischen Standards vermitteln, die zwar jeder wohlerzogene Mann aus der Zivilisation mitbringt – hier in der Wildnis jedoch Schritt für Schritt ablegt …

Mitleid (1. Woche in der Wildnis)

Die Gans watschelt mit eingezogenem Hals über die sandige Böschung des unterspülten Steilufers. Einen Meter Höhenunterschied muss sie noch schaffen, ehe sie das sichere Ufergestrüpp erreicht. Doch Gänse sind keine guten Kletterer, und der Feind – in diesem Fall ein Jäger im Kanu – ist schon nah. Die Gans wählt daher eine andere Überlebensstrategie und duckt sich in ein kleines Loch im ausgespülten Steilufer des South Fork Koyukuk. Es bleibt ihr nur die kleine Hoffnung, unentdeckt zu bleiben.

Im Juli sind die Kanadagänse in der Mauser. Im Gegensatz zu den meisten Entenarten können Gänse während des Wechselns des Federkleids nicht fliegen und sind sowohl für Menschen als auch für Raubtiere eine leichte Beute. Lautlos lasse ich mein Kanu in Ufernähe stromabwärts treiben, meine doppelläufige Schrotflinte halte ich entsichert im Anschlag. Seit mehreren Tagen ernähren wir uns ausschließlich von Fisch und sind aus diesem Grund begierig nach Fleisch. Die Gans ist nur noch etwa zwanzig Meter entfernt – eine perfekte Distanz für einen sicheren Schuss. Doch ich kann nicht! Die Hilflosigkeit der Beute in dieser Situation erweckt mein Mitleid, und das ist im Moment zumindest noch stärker als mein Hunger. Ich sichere die Waffe und verstaue sie wieder im Boot.

„Was hast du gesehen?", fragt mich Grischi eine Viertelstunde später, als Niclas und er mich mit ihrem Kanu eingeholt haben. „Wir haben gesehen, wie du auf irgendetwas gezielt hast."

„Etwa zwanzig Gänse, doch sie waren bereits alle im Dickicht verschwunden, ehe ich in Schussdistanz kommen konnte", lüge ich. Mein Mitleid mit der Beute vor den soeben angelernten Jungjägern zuzugeben, ist mir als langjährigen Jäger peinlich.

Etwas später sehen wir ein Stachelschwein. Als ich Grischi davon abhalte, es zu erlegen, versteht er die Welt nicht mehr. Wir sind nach Alaska gekommen, um von der Natur zu leben. Erfolgreiches Fischen und Jagen auf Kleinwild ist in unserer zweimonatigen Reise Voraussetzung für den Erfolg.

Doch noch bin ich nicht so weit, um jeden Preis ein Tier zu erlegen. Wir sind zwar schon einige Tage unterwegs, doch haben wir bisher mehr Äschen und Hechte gefangen, als wir essen konnten. Und auch heute wird es, wie in den letzten Tagen, zwei Fischmahlzeiten geben. Dennoch – der Tag wird kommen, an dem wir ohne Fleisch nicht mehr auskommen werden.

Stinkfisch (3. Woche)

Gespannt beobachten Grischi und ich Niclas beim Öffnen der verschließbaren Plastiktüte. „Ich weiß nicht – irgendwie riecht der schon etwas komisch!", zweifelt Niclas und verzieht dabei das Gesicht. Auch wir beide nehmen trotz einiger Meter Entfernung sofort den fauligen Fischgeruch wahr, der unseren Appetit – gelinde gesagt – dämpft. Auch die grünliche Farbe schreckt ab – ob man das noch essen kann? Seit fast drei Wochen sind wir nun schon unterwegs, langsam kommt ein dezentes anhaltendes Hungergefühl auf. Jeder von uns verdrückt täglich im Schnitt zwei bis drei Kilo Fisch. Wir leben wie die Könige, sammeln fast jeden Tag einen großen Topf Blaubeeren oder Salmonberries und fangen Seeforellen, Äschen, Hechte, Burbot und arktische Saiblinge im Überfluss. Das Wetter ist für Alaska hervorragend. Bisher haben wir lediglich drei Tage mit Dauerregen und fünf weitere Tage mit längeren oder kürzeren Regenschauern erlebt. Die meiste Zeit war es wirklich warm – so auch in den letzten fünf Tagen. Das einzige Problem bei dieser Witterung ist die kurze Haltbarkeit der Nahrungsmittel, und dies gilt besonders für Fisch.

Um Fisch längere Zeit haltbar zu machen, praktizieren wir im Wesentlichen zwei Methoden. Die erste Möglichkeit ist, den Fisch in Streifen zu schneiden, einzusalzen und auf einem Gestell zu trocknen – das ist die zeitaufwendige Variante. Es dauert je nach Witterung einige Tage, einmal abgesehen von dem sperrigen Gestell, das beim Transport ziemliche Probleme macht. Viel einfacher ist die andere Methode, für die wir uns auf dieser Reise entschieden haben: „Gravlax" – an sich eine skandinavische Spezialität zur Zubereitung von Lachs, die wir auch für Forellen und Saiblinge anwenden. Halbschwede Niclas wurde bereits vor der Reise zu unserem „Gravadierer" ernannt („gravadieren" ist ein Wort, das wir im Rahmen dieser Reise wohl selbst erfunden haben). Es ist eigentlich ganz einfach: Der Lachs wird filetiert, beide Filets mit Zucker und Salz im Verhältnis 1:1 eingerieben, hinzu kommt reichlich Dill. Danach werden beide Filetseiten aufeinander in einen verschließbaren Plastikbeutel gelegt und für ein bis zwei Tage kühl gelagert, zum Beispiel im Boden vergraben. Die hyperosmolare Lösung aus Salz und Zucker zieht viel Flüssigkeit aus dem Fisch und dämmt Bakterienwachstum ein. Der Fisch sollte dann für einige Tage haltbar sein und kann roh oder gekocht verzehrt werden.

Da unsere Zuckervorräte bereits zur Neige gehen, hat Niclas bei den letzten Fischen – es handelte sich um Seeforellen – sowohl mit Zucker als auch mit Salz ziemlich gespart. Die hohen Temperaturen der letzten Tage haben ein Übriges getan; auch an den Vortagen hatten die gebeizten Filets bereits einen etwas säuerlichen Geschmack.

Was wir aber jetzt aus unserem Plastikbeutel herausholen, übertrifft alles Bisherige. Aus dem wunderbaren rosaroten Forellenfleisch ist grünbräunlicher Matsch geworden. In einer trüben Sauce schwimmen Fischgräten, Dillspitzen und kleine Fischstückchen, die sich vom Filet gelöst haben. Das Widerlichste aber ist der stechende Geruch von verwestem Fisch, der uns an der Nasenatmung hindert. Schneiden ist nicht mehr möglich beziehungsweise nicht mehr nötig, weil sich die Masse mit der stumpfen Messerseite bequem zerteilen lässt. Liebevoll schiebt Niclas drei gleich große Häufchen von der Fischhaut. Danach wird heftig diskutiert, ob wir den Brei essen oder lieber gleich der Natur zurückgeben sollen. Niclas fügt an, dass vergorener Fisch – in Skandinavien „Stinkfisch" genannt – als Spezialität bekannt und gesundheitlich somit unbedenklich sei. Auch ich erinnere mich dunkel an eine spezielle Art der Lachszubereitung, die früher von Indianern in Alaska angewendet worden ist. Sie haben Lachse über Wochen im Sand verscharrt, um sie danach wieder auszugraben und roh zu verzehren. „Wenn zwei Ärzte sagen, es sei nicht gesundheitsgefährdend, dann esse ich alles!", meint der immer hungrige Grischi. Damit ist die Entscheidung gefallen: Wir werden diesen Matsch essen! Wie immer wird ausgelost, wer welches Häufchen essen darf (beziehungsweise muss). Danach nimmt jeder einen Löffel, und vorsichtig beginnen wir mit dem Mittagessen.

„Schmeckt gar nicht schlecht – hab ich mir viel schlimmer vorgestellt!", sagt Niclas und schiebt Löffel um Löffel in den Mund.

„Ein bisserl säuerlich – aber sonst in Ordnung", meint Grischi.

„Stinkfisch wird meine Lieblingsspeise, ich freue mich schon auf den nächsten!", füge ich unehrlich hinzu.

Gierig schlucken wir Bissen für Bissen hinunter, bis die grünliche Masse verschwunden ist. Unappetitliches Aufstoßen und vor allem der Verwesungsgeruch unserer Ausdünstungen werden uns noch einige Tage an diese Mahlzeit erinnern. Als es bei Grischi auch noch zu Erbrechen und Durchfall kommt, entscheiden wir uns dafür, „Stinkfisch" vom Speiseplan zu streichen – aus rein gesundheitlichen Gründen natürlich …

Fleisch (6. Woche)

Niclas stoppt abrupt seine hastigen Kaubewegungen. Ich sitze ihm gegenüber und zerfleische ebenfalls meinen Teil von der gebackenen Ente vom Vortag. Entsetzt blickt er mich an, als wäre ihm ein Knochen im Hals stecken geblieben. Ich will gerade fragen, was denn los sei, als auch mich ein übler Stich mitten in meine Geschmackspapillen überrascht und ich ebenfalls kurz reglos verharre. Doch ich kann den Geschmack nicht einordnen und entscheide, alles sofort hinunterzuschlucken – in diesem Fall die falsche Wahl.

„Dieser Bissen war jetzt aber extrem grausig!", beschwert sich Niclas vorsichtig. Beide haben wir zeitgleich vom Bürzel der Ente abgebissen.

„Wer hat die Enten gestern ausgenommen?", frage ich.

„Ich war's – hab ich was falsch gemacht?", fragt Grischi zögerlich.

„Ich glaube, du hast die Kloake nicht entfernt – was wir nämlich gerade gegessen haben, war reine Vogelscheiße!", meine ich, und die Vorstellung an Entenkot in meinem Magen reckt mich. Verzweifelt versuchen wir, den üblen Nachgeschmack mit Wasser hinunterzuspülen. Doch egal, was wir in den folgenden Stunden auch essen oder trinken, wir bringen den intensiven Geschmack nicht weg.

*

Wir befinden uns am Redstone River, sind bereits mehr als fünf Wochen in der Wildnis unterwegs und in Sachen Essen und auch Hygiene einiges gewöhnt. Obwohl wir reichlich Äschen und Hechte fangen, ist Fisch mittlerweile zur Vorspeise verkommen. Unser Hauptaugenmerk gilt der Jagd.

Täglich schießen wir an die zehn Wasservögel und Hühner, Stachelschweine können wir in der Tundra keine mehr finden, und so stellen wir sogar jedem Biber nach, den wir aufstöbern können.

Als Christoph und ich bei unserer letzten Alaskareise unter extremem Hunger litten, hatten wir noch Skrupel, Biber zu töten. Wir waren und sind als Europäer gewohnt, dass diese Tiere strengstens geschützt sind. Auch in Alaska wurden die Biberbestände bis vor etwa 100 Jahren durch Fallensteller stark dezimiert. Schuld daran waren vor allem die Europäer, die nach dem Verschwinden der Nagetiere in Europa Nordamerika als neue Quelle der wertvollen Pelze erkannten und jährlich über hunderttausend Biberfelle nach Europa schiffen ließen – mit der Folge, dass die große nordamerikanische Biberpopulation binnen kurzer Zeit auf wenige tausend Tiere schrumpfte. Mittlerweile haben sich die Bestände gut erholt, und Biber sind – die arktischen Regionen ausgenommen – in ganz Alaska wieder zahlreich vorhanden.

Wie auch immer – bei unserer letzten Reise sahen wir Biber keineswegs als Fleischquelle. Stattdessen würgten wir Stachelschweine und ungenießbare Fischenten hinunter, was uns später bei den Inuit nichts als Gelächter einbrachte! „Biber sind doch überall – in Alaska muss niemand hungern, geschweige denn Fischenten essen!", wurden wir belehrt. Die Erinnerung an den Geschmack von Stachelschweinfleisch brachte uns schließlich dazu, die Einstellung zur Biberjagd grundlegend zu überdenken ...

Biberfleisch ist meist zart, hat aber einen äußerst strengen Eigengeschmack und ist aus diesem Grund nicht unser Lieblingsessen. Trotz unserer meist guten Beute mache ich mir zunehmend Sorgen. Meine kleine Fettfalte am Bauch, die ich mir mühsam vor der Reise angefressen habe, ist längst verschwunden und der Heißhunger vor allem auf Fleisch nicht zu stillen.

Als ich dies eines Tages ausspreche, gibt auch Niclas zu, von Fisch genug zu haben und nicht mehr satt zu werden. „Jetzt, wo du das erwähnst, fällt es mir auch auf: Ich brauche Fleisch", brummt er und sieht längst genauso wie ich jeden lebenden Vogel als Brathuhn. Die Jagdmethoden werden brutaler, zu Hause würde man sie als „unwaidmännisch" bezeichnen. Wir hinterlassen entsprechende Spuren: Blut, Federn, Schuppen, Gräten und Knochen. Der beißend gewordene Hunger und die Angst vor einem körperlichen Verfall rechtfertigen manches. Aus uns sind mittlerweile vier Fressfeinde geworden, die beim Sammeln, Jagen und Fischen zusammenarbeiten, sich bei der Nahrungsaufnahme aber sehr genau beobachten.

Wir verzehren Innereien von Wasservögeln, stopfen uns rohen Fischrogen hinunter und schrecken auch vor halb verwestem Gänsefleisch nicht zurück. Lediglich sichtbarer Schimmel auf dem getrockneten Hundslachs wird entfernt, eine Schicht aus getrockneten Fliegeneiern, die wie eine weiße Panier aussieht, mitverspeist.

Wir müssen uns eingestehen: Die Strapazen sind größer geworden und würden bei der bevorstehenden Portage weiter steigen, die körperlichen Fettreserven sind aufgebraucht, die Grundnahrungsmittel strengstens rationiert und die Nahrungsbeschaffungsmaßnahmen wie Fischen, Sammeln und Kleinwildjagd bereits ausgereizt.

„Wir müssen ein größeres Tier töten – sonst schaffen wir das nicht!" Diesen Vorsatz fassen wir nach einem an und für sich üppigen Abendessen, bestehend aus zehn Äschen, drei Hechten, sechs Gänsen, zwei Enten und reichlich Blau- und Preiselbeeren. Danach legen wir uns schlafen – immer noch hungrig und unzufrieden.

Das grosse Fressen (8. Woche)

Etwa zweieinhalb Wochen später haben wir den Ivishak Pass hinter uns. Jetzt heißt es „nur" noch durchpaddeln – zuerst bis Noatak Village, dann weiter bis Kotzebue. Schlag auf Schlag setzen wir die Paddel in den Noatak River und genießen einmal mehr die traumhafte Tundralandschaft in den Farben des Indian Summers. Bisher ist alles perfekt gelaufen. Das Wetter war für Alaskas „Rainy Season" eigentlich sehr sonnig, der Zeitplan im Gegensatz zu früheren Reisen realistisch einzuhalten, und die als „fraglich durchführbar" geltende Route hat sich als „genial" herausgestellt.

Vor knapp zwei Monaten sind wir gestartet. Damals waren wir „heiß" auf das ultimative Abenteuer. Diesen Hunger haben wir mittlerweile gestillt, und wir freuen uns auf die Zivilisation. Dafür hat sich ein anderer (und hundsgemeiner) Hunger eingeschlichen. Essen ist zum Thema Nummer eins geworden! Beim Stromaufwärtsziehen und bei der Überquerung des Ivishak Passes haben wir mit Grundnahrungsmitteln nicht gespart und deutlich mehr verbraucht als vorgesehen. Auch wird die Schrotmunition langsam knapp. Beides fällt uns jetzt auf den Kopf, die Stimmung in der Gruppe ist trotz guten Wetters spürbar angespannt.

Es ist früher Abend. Wir paddeln seit mehr als sieben Stunden und halten Ausschau nach einer guten Zeltmöglichkeit. Bei der Einmündung eines Creeks machen wir halt. Grischi und ich packen die Angeln und versuchen unser Glück. In dem Zufluss steigen aber – leider – keine Lachse auf. Nach einiger Zeit geben wir enttäuscht auf. Alle sind erschöpft und hungrig. Und wir haben kein Abendessen, die folgende Diskussion über weiterfahren oder bleiben eskaliert. Niclas und Christoph fangen aus irgendeinem lächerlichen Grund an, sich anzuschreien. Grischi und ich wollen die Situation beruhigen – und schreien plötzlich genauso laut. Innerhalb von Minuten bricht jede Menge aufgestauter Emotionen und Aggressionen auf. Danach steht wenigstens fest: Wir bleiben.

Niclas und Grischi stellen das Lager auf und kochen die letzte Packung Nudeln, während Christoph und ich jagen gehen. Schon stapfen wir durch die weite Sumpflandschaft. Wir steuern einen kleinen, wenige Kilometer entfernten See an. Aus der Ferne erkennen wir in diesem Gewässer drei Tundra-Schwäne. „Das wäre doch ein würdiges Abendessen, oder?", frage ich Christoph. Der antwortet mit einem kurzen Grinsen – beiden läuft uns schon jetzt das Wasser im Mund zusammen. Geduckt laufen wir dem etwa hundert Meter breiten See entgegen. Christoph schleicht am linken Ufer entlang, während ich am rechten Ufer bleibe. „Die Schwäne gehören uns!", denken wir in diesem Moment. Doch nicht umsonst haben Schwäne einen langen Hals, sie nehmen uns bereits aus großer Entfernung wahr, verlassen weit außerhalb der Schussweite ihren kleinen See und ziehen mit kräftigen Flügelschlägen über unsere Köpfe hinweg. Verzweifelt schicken wir ihnen einige Schrotkugeln nach, doch die erhoffte Wirkung bleibt aus. Bitter enttäuscht machen wir uns auf den Heimweg.

Genussvolles Blackberries

Es ist bereits später Abend. Weit entfernt mache ich einen Punkt aus, der sich soeben bewegt hat. Ich nehme das Fernglas und untersuche den Punkt genauer. In der Dämmerung lassen sich nur die grau-weißen Umrisse eines mittelgroßen Tieres ausmachen. „Irgendein Vieh läuft da vor uns – ich glaube es handelt sich um einen Wolf!", sage ich zu Christoph. Obwohl es in dieser Gegend sehr viele Wölfe gibt, ist es erst der zweite Isegrimm, den wir im Lauf dieser Reise zu Gesicht bekommen. Weil wir keinen größeren Umweg in Kauf nehmen müssen, gehen wir dem „Wolf" entgegen, der seinerseits in unsere Richtung zieht, immer wieder stehen bleibt und die Nase prüfend in den Himmel steckt. „Das ist kein Wolf! Das ist ein Karibu – ein junger Bulle", sage ich zu Christoph, als ich aus kürzerer Entfernung neuerlich durchs Fernglas blicke. Im ersten Moment sind wir beide ein bisschen enttäuscht. Karibus haben wir in den letzten Tagen mehrere hundert gesehen, von den scheuen Wölfen hingegen nur Spuren und abgenagte Gerippe von gerissenen Karibus.

Schon wollen wir wieder Richtung Lager weitermarschieren, doch irgendetwas hält uns davon ab. Wir beobachten den Bullen, der nervös wirkt, einmal links entlangläuft, dann nach rechts wechselt, um dann doch wieder in unsere Richtung zu ziehen. Wir setzen uns hinter den einzigen Busch in der gesamten Umgebung und sehen einander fragend an. „Was machen wir?", frage ich.

„Keine Ahnung, erstmal abwarten", antwortet Christoph. Bis jetzt haben wir uns nur von Kleinwild und Fisch ernährt. Wir sind zwar nicht mehr allzu lang unterwegs, die Grundnahrungsmittel aber schon sehr rar. Auch in den nächsten Tagen ist nicht viel Beute zu erwarten; das Magenknurren deuten wir als überzeugendes Argument. „Lassen wir das Karibu entscheiden!", sage ich. Unsere Flintenlaufgeschosse haben eine maximale Reichweite von nur sechzig, höchstens siebzig Meter, und in der deckungsfreien Tundra ist das Anpirschen schlicht unmöglich. Das Karibu ist noch 300 Meter entfernt und hat im Wesentlichen vier Himmelsrichtungen zur Auswahl. Doch es springt uns weiter entgegen, bleibt immer wieder stehen und sichert in unsere Richtung. In einer Entfernung von etwa hundert Meter dreht es sich jedoch nach links und springt ab. Irgendwie sind wir beide erleichtert. Mit einer Kleinwildjagdlizenz dürfen wir kein Karibu erlegen – außer in einer Notfall-Situation. Wie genau der „Notfall" deklariert ist, wissen wir nicht. Wir stehen auf und springen aus dem Versteck. Der Bulle bleibt stehen, äugt uns aus großer

Genussvolles
Salmonberries

Genussvolles
Blueberries

Genussvolles
Blaubeernocken

Entfernung an und läuft uns entgegen. Verblüfft schaue ich zu Christoph, der kurz mit den Achseln zuckt, die Flinte aber wieder in die Hand nimmt. Auf etwa sechzig Schritt Entfernung bleibt der Bulle stehen und zeigt seine Breitseite. Zeitgleich lassen wir die Kugeln fliegen, zumindest eine verfehlt das Ziel nicht. Nach kurzer Flucht bricht das Karibu tot zusammen.

Andächtig nähern wir uns dem erlegten Tier. Erst jetzt erkennen wir, dass wir uns in unmittelbarer Nähe des Zeltplatzes befinden. Wäre der Bulle noch ein paar Meter weitergelaufen, wäre er wahrscheinlich über die Sturmverspannung der Zelte gestolpert. Wir holen die beiden anderen, die beim Anblick der Beute wahre Freudentänze aufführen. Alle arbeiten wir bis spät in die Nacht, bis das Tier zerwirkt ist. In der Zwischenzeit kocht Grischi Pfanne für Pfanne mit saftigen Fleischstücken – bis drei Uhr früh wird gefuttert und geschlemmt. Zuerst verspeisen wir die Leber, dann den Rücken des Bullen, schließlich noch Teile des Schlögels. Mehrmals müssen wir den Gürtel weiter machen, Hemd- und Hosenknöpfe öffnen. Doch wir essen weiter, bis sich die Bauchdecke gespannt nach vorn wölbt, sich der Nabel nach außen stülpt und wir uns fast nicht mehr bewegen können. Selbst die langen Röhrenknochen des Karibus werden in die Glut gelegt, bis sie springen, wir sie spalten und das Knochenmark herauslöffeln können. Das erste Mal seit Wochen gehen wir satt schlafen. In den folgenden drei Tagen gibt es Karibufleisch – als Frühstück, Lunch und Supper. Danach ist der Bulle bis auf den letzten Bissen verspeist. Mit dem letzten Happen ist auch unser schlechtes Gewissen endlich verschwunden.

„Fondue"
Karibufleisch am Spieß

Gegen den Hunger
Sauerteigbrot

Gedünstetes
Karibufleisch im Topf

In der Pfanne
Filets vom Dolly Varden

Am Ende der Welt

Christoph Biedermann

Die Abendsonne wirft ein mildes Rot auf den Noatak River. Tausende Lichtpunkte tanzen auf den Wellen, die wir mit den Paddeln teilen. Die Strömung ist schwach, wir kommen nur langsam voran und haben umso mehr Muße, den Augenblick zu genießen. Viele hundert Kilometer haben wir bewältigt, nur noch wenige trennen uns von unserem Ziel, der Beringsee.

Die Schönheit der Umgebung ist unbeschreiblich. An beiden Seiten säumen dunkle Wälder den Fluss, dessen glasklares Wasser rosig im Abendlicht schimmert. Die Berge und Felsen des Noatak, die wir auf unserem Abenteuer durchquert haben, verlaufen sich in der weiten Ebene vor uns. Kein Geräusch ist zu hören – außer dem rhythmischen Klatschen der Paddelschläge.

Ich schließe die Augen und denke an das Erlebte zurück. Vor meinem inneren Auge sehe ich noch einmal Elche in der Taiga und Karibus in den Bergen der Brooks Range, ich erlebe Grizzlies am Noatak River und Moschusochsen in der roten Tundra. Dass wir das alles erleben durften, stimmt mich zufrieden – und dankbar!

Möwen kreisen am Himmel und stürzen sich auf die dem Tod geweihten Lachse, die sich, von Pilzen und Parasiten befallen, an der Oberfläche schlingernd zur Beringsee schleppen. Keiner wird es schaffen, die Ufer sind gesäumt von verwesenden Artgenossen. Leben und Sterben ist ein Kreislauf, überall, doch nirgends so eindrucksvoll wie im Leben der Lachse. In ein paar Jahren werden die Jungen, denen der Tod der Eltern das Leben geschenkt hat, zurückkehren und gleich ihren Vorfahren in genau dem Fluss ablaichen, in dem sie geboren wurden. Und dann werden auch sie sterben.

Das Licht ist von einer Färbung, wie ich sie nur hier im Norden erlebt habe. Nur hier kann die Sonne so scheinen! Gierig sauge ich jeden Eindruck in mich auf, jede Minute, jede Sekunde, und ich fühle mich stolz, hier zu sein, als Teil all dessen. Zumindest für diesen Augenblick.

Das Auge ist ermattet vom Blick in die Ferne. Neben und hinter uns sind noch Ausläufer des bewaldeten Gebirges, doch im Westen, unserem Ziel, ist nichts davon mehr zu erkennen. Nur zartes glitzerndes Blau am Horizont, eingerahmt vom Rot der Tundra. Die Datumsgrenze ist erreicht, das Ende der Welt.

Nachtfrieden
Mondnacht am Noatak

Noatak River

Der Noatak gilt als einer der wildesten Flüsse Alaskas. Nicht etwa, weil er ein Wildwasserfluss wäre, er ist eigentlich verhältnismäßig ruhig, er ist wild, weil es am ganzen Strom nur eine einzige Ortschaft gibt, Noatak Village. Die Zivilisation hat diesen Fluss somit großteils verschont.

Wir sind nun fast am Ziel unserer großen Reise. Über 400 Kilometer haben wir am Noatak zurückgelegt, vom Einfluss des Cutler River bis hierher, knapp zehn Flusskilometer entfernt vom Beringmeer. Für heute ist es zum Weiterfahren zu spät – auch wenn wir alle gern wüssten, was uns dort im Westen erwartet. Wir müssen das offene Meer überqueren, es gibt keinen anderen Weg. Diese Tatsache beunruhigt uns, denn die Beringsee gilt nicht als ruhiges Wasser.

Wir sehen uns nach einem Lagerplatz für die Nacht um, acht Augen spähen konzentriert aus unseren zwei Booten. Noch sind die Ufer dicht bewachsen, freie Stellen für die Zelte sind schon seit Tagen rar. Zwei Kilometer stromabwärts entdecken wir eine ebene Fläche und paddeln darauf zu, als sich im Ufergebüsch auf unserer Höhe ein Moschusochse zeigt. Er steht vollkommen still und blickt uns mit ausdruckslosen, dunklen Augen entgegen. Sein dichtes, dunkelbraunes Fell hängt in langen Zotten fast bis zum Boden, lässt die vier dünnen Läufe darunter eigentlich nur erahnen. Der mächtige Schädel trägt eine Hornplatte, an deren Enden zwei mächtige, eingedrehte Hörner blitzen, deren Spitzen nach oben zeigen. Das ganze Tier sieht aus wie ein Urvieh aus längst versunkener Zeit.

Sofort verlangsamen wir die Fahrt und versuchen, auf Fotodistanz heranzukommen. „Da, ein Dach, ein grünes!", ruft Christian und deutet auf eine nicht weit entfernte Stelle stromabwärts. Voll Begeisterung versuchen wir mehr zu entdecken, treiben dabei an unserem Fotomodell vorbei.

Etwas später finden wir eine Art Anlegeplatz. Ein schmaler Pfad führt durch die Büsche. Christian marschiert los, um die Gegend auszukundschaften. Bald schon kehrt er zurück, mit dem Zeigefinger auf den Lippen.

„Eine Hütte steht dort hinten, wo ich das Dach gesehen habe. Sie schaut zwar ziemlich ekelhaft aus, wird für die Nacht aber reichen. Komm mit", sagt er zu mir. „Aber leise, ich habe ganz in der Nähe einen Hasen gesehen!" Wir pirschen uns mit den Gewehren vorwärts. Plötzlich reißt Christian die Schrotflinte in die Höhe und drückt ab. Sein zufriedenes Lächeln verrät, dass er getroffen hat.

Als wir zwei Stunden später den geschmorten Hasenbraten genießen, haben wir bereits die wichtigsten Arbeiten verrichtet. Alles ist bereit für morgen, den hoffentlich letzten Tag. Wir haben von der Überquerung der Beringsee einige Schauergeschichten gehört. Ich studiere die Karte, sie zeigt den Kotzebue Sound. An sich keine große Strecke von der äußersten Landzunge des Festlands bis zur Baldwin Halbinsel, an deren äußerster Spitze unser Ziel Kotzebue liegt. Doch auf der Karte sieht bekanntlich immer alles sehr einfach aus.

„Faszinierender Platz für eine Stadt", denke ich laut.

„Wenn die See ruhig ist, könnt ihr womöglich in direkter Linie nach Kotzebue fahren", hat uns Ricky, ein Inuit, in Noatak erklärt, „doch wenn der Wind bläst, müsst ihr vorsichtig sein. Kommt er von Norden, Süden oder Osten, ist es nicht schlimm. Doch wenn er von Westen kommt, von der offenen See, werdet ihr in euren Booten Schwierigkeiten haben. Dann kommen nämlich Riesenwellen vom Meer herein – ich würde dann nicht fahren, wartet lieber auf einen ruhigen Tag!"

Das Problem ist allerdings, dass hier meistens Westwind weht. Wir haben von Flussfahrern gehört, die eine Woche und länger warten mussten, um die Überfahrt wagen zu können. Ganz abgesehen vom engen Zeitplan gibt es an der Mündung keine Zeltmöglichkeiten mehr – und nur sehr wenig zu essen. Wenn wir morgen tatsächlich starten, würden wir auch hinüberfahren müssen! Dazu kommt, dass eines unserer Boote seit längerem irreparabel leckt. Bereits vor einem Monat haben wir ein mehrere Zentimeter langes Loch an der Bootsunterseite mit dem Reparaturset geflickt. Durch ständiges Aufsitzen im seichten Cutler ist die Stelle aber wieder undicht geworden. Aus diesem Grund fahren wir bereits seit einer Woche mit der Pumpe auf „Stand-By", weil sich die Luft nur etwa eine Stunde in den Bootsschläuchen hält. Sollte starker Gegenwind unsere Überfahrt verzögern, hätten wir damit wirklich ein großes Problem.

„Nach so einem guten Abendessen darf man nicht schwarzsehen!", meint Grischi. „Es wird schon alles gut gehen." Grischi hat leicht reden, sitzen er und Niclas doch im dichten Boot. Voll gegessen gehen wir schlafen.

*

Scherenschnitt
In Kotzebue

Der nächste Tag beginnt mit tiefem Nebel. Noch kann man nicht sagen, was das Wetter bringen wird. Wir stehen im Grau des Morgens am Fluss und bepacken die Boote. Das Wasser ist ruhig, dichter Dunst nimmt die Sicht, kein Lüftchen ist zu spüren. Schließlich ist es so weit, Aufbruch! Wir klopfen uns gegenseitig auf die Schultern und wünschen einander Glück. Dann starten wir ins Ungewisse – über den Fluss hinaus aufs Meer.

Bald schon sind wir mitten auf dem Noatak, staunend, wie breit er zur Mündung hin wird. Von einer Seite auf die andere würde man im Kanu wohl mehr als eine Stunde benötigen! Unser erstes Ziel ist die letzte, dem Meer vorgelagerte Insel. Erst danach beginnt die offene See. Grischi und Niclas kommen im besseren Boot gut voran, sie müssen immer wieder auf uns warten. Nur langsam geht es vorwärts, zu Mittag haben wir das seeseitige Ende des Eilands noch nicht erreicht. Aus der Erfahrung der letzten Tage wissen wir, dass der Wind meist am frühen Nachmittag einsetzt. Ich werde unruhig, nur zu gern wäre ich schon auf das Meer hinausgekommen. Doch nach drei Stunden legen wir an einer Sandbank im Fluss erst einmal eine Pause ein. Ohne die Boote zu verlassen, schlingen wir das spärliche Mittagessen hinunter. Noch haben wir nicht zu Ende gegessen, da beginnen die Büsche rund um uns zu zittern, Wind setzt ein – Westwind.

„Was machen wir jetzt?", ist Niclas' rhetorische Frage.

„Wir müssen weiter, es gibt kein Zurück!", antwortet Christian. „Schauen wir, dass wir so schnell wie möglich hinüberkommen!"

Mit kräftigen Schlägen treiben wir die Boote vorwärts. Das Ufer zieht an uns vorbei, dichtes Buschwerk auf flachem Land, kaum einladend zum Verbleib. Doch die Insel will und will nicht enden! Schon freunde ich mich mit dem Gedanken an, eine stürmische Nacht zwischen diesen Sträuchern zu verbringen, da öffnet sich vor uns endlich die See. Ein fließender Übergang, niemand kann sagen, wo das Meer beginnt oder die Flussmündung endet. Weit in der Ferne liegt die Bald-

win Halbinsel, nicht mehr als ein Streifen am Horizont. Zwischen ihr und der Mündung des Noatak liegt eine Meerenge, der Kotzebue Sound, an der schmalsten Stelle knapp zehn Kilometer breit. Nach Westen öffnet sich der Sound zur Beringsee. Wir werden in südlicher Linie auf die Halbinsel zusteuern, das ist die kürzeste Verbindung. Kotzebue, unser eigentliches Ziel, liegt noch weiter im Westen, einen direkten Kurs dorthin dürfen wir bei Westwind aber nicht wagen. Die Meerenge müssen wir schnell überqueren, ehe der Sturm aufkommt. Doch noch ist es relativ ruhig, nur eine leichte Brise weht, und wir säumen keine Minute.

Schlag auf Schlag entfernen wir uns vom sicheren Festland. Plötzlich hört der Wind auf, es ist fast windstill. Die von den Hügeln im Westen geschützte Mündung vor uns ist zu einer spiegelglatten Fläche geworden, wie eine Eisplatte. Unser Spiegelbild glänzt neben uns im Wasser.

Dunkelblaues Meer, hellblauer Himmel, getrennt nur vom dünnen Rand des weit entfernten Festlands, ich komme mir vor wie in einem Raum. Die Sprache hallt eigentümlich, als ob der Schall von unsichtbaren Mauern als Echo zurückgeworfen würde. Ein Augenblick von magischer Schönheit, und doch traue ich der Stille nicht. Wir spornen uns gegenseitig zur Eile an, kein Moment darf gezögert werden.

Und nun kommt, was wir alle befürchten. Der Wind kehrt zurück, doch diesmal mit starken Böen. Für eine Umkehr ist es zu spät. Jetzt gilt Alles oder Nichts!

Schwierigkeiten

Wir steuern gerade nach Süden, die nun auftürmenden Wellen treffen uns hart von der Seite. „Lang können wir das Boot so nicht halten!", rufe ich Christian zu, der wie immer vorn sitzt. Wir müssen den Kurs ein wenig korrigieren, um die Wellen steiler anzufahren, und halten daher nach Süd-West. Unser Ziel auf der anderen Seite der Bucht war bisher eine weithin sichtbare Erhebung, ungefähr sieben Kilometer Luftlinie entfernt, nun müssen wir auf die Küste westlich davon zusteuern. Lautes Platschen hinter uns lässt mich herumfahren. Mein Puls schnellt in die Höhe! „Ein Seelöwe!", ruft Christian, und ich sehe den eleganten Körper, der einem Torpedo gleich durchs Wasser schnellt, keine zehn Meter entfernt. „Bleib nur, wo du bist, verdammt noch mal!" Mein Herz klopft wie verrückt!

Der Kautschukboden des Kanus ist mittlerweile so weich geworden, dass meine Füße in zwei tiefen Mulden stehen. Zum Glück ist das Boot mit drei unabhängigen Kammern ausgestattet, sonst müssten wir jetzt mit dem Seelöwen um die Wette schwimmen. Wir kommen immer langsamer vorwärts, doch da müssen wir durch, das Aufpumpen auf offener See ist nicht möglich. Die beiden anderen, die uns quasi einen Anstandsvorsprung gelassen haben, haben uns bereits überholt und sind innerhalb weniger Minuten außer Rufweite. Doch plötzlich ändert sich ihr Kurs, sie drehen ganz nach Westen, stellen sich mitten in die Wellen.

„Was ist los bei denen?", fragt Christian. Die Antwort bekommen wir ein paar Augenblicke später, als wir plötzlich auf Grund laufen. Das Boot schleift auf einer Untiefe aus Schlamm und Algen. Flusssand hat sich zu einer Art Sandbank aufgehäuft. Wir sitzen fest. „Verdammt!", rufen wir gleichzeitig. Jetzt erst bekommen wir die wahre Kraft der Wellen zu spüren. Gnadenlos schlagen sie in dichten Schüben gegen unser gestrandetes Kanu.

„Wir müssen schleunigst raus aus diesem Loch, fahren wir den anderen nach!", rufe ich. Mit aller Kraft stemmen wir uns auf die Paddel, um uns hochzudrücken. Doch wir erreichen nur, dass wir uns noch fester eingraben und fast aus dem Boot aushebeln. Durch den weichen Bodenschlauch unseres defekten Gefährts haben wir mehr Tiefgang, und der Schlamm hält uns gefangen. Schon denke ich daran, auszusteigen und uns ein Stückchen aus dem Dilemma herauszuziehen, doch ich würde wahrscheinlich nur einsinken – und das kilometerweit entfernt vom Festland. Nochmals versuchen wir es mit aller Kraft. Wir wippen, wir stöhnen, drehen uns vorwärts, rückwärts, es scheint ausweglos. „Ein letztes Mal!", rufe ich.

Mit aller Gewalt stemmen wir uns gegen die Paddel, und es gelingt uns endlich, ein Stückchen vorwärtszukommen, sodass wir das Boot schiebend weiterbewegen können.

„Wohin?", frage ich Christian.

„Den anderen nach, nach Westen!"

Doch jeder Meter nach Westen bedeutet einen längeren Weg zum Festland. Die Wellen werden immer höher, wir gleiten mittlerweile fast meterhohe Berge hinauf, um auf der anderen Seite wieder hinunterzustürzen. Schaumige Gischt spritzt über den Bootsrand, das salzige Wasser dringt durch das Leder der Schuhe. Doch wir halten durch!

Abschied

Fast eine Stunde brauchen wir aus den ärgsten Untiefen heraus, der Wind nimmt stetig zu, unsere Kraft stetig ab. Endlich erreichen wir wieder tieferes Wasser und können auf den ursprünglichen Kurs einschwenken. Das ersehnte Festland will nur langsam näher kommen. Mein rechtes Ohr schmerzt vom ständigen Wind, ich kann meine Handgelenke kaum mehr bewegen. Dennoch dürfen wir keine Sekunde nachgeben, der Wind würde uns sofort erfassen und um unsere Achse drehen. Jetzt, drei endlose Stunden nach der Mittagspause, haben wir das andere Ufer erreicht. Die letzten Meter werden wir von den Wellen an den Strand geschleudert. Wir hieven uns aus den Booten und ziehen sie aus dem Wasser. Erschöpft lassen wir uns in den Sand fallen. Wir brauchen wenigstens ein paar Augenblicke Rast, denn – noch haben wir es nicht geschafft!

Um Kotzebue zu erreichen, müssen wir noch fünf letzte Kilometer, an der Küste der Baldwin Halbinsel entlang, im rechten Winkel gegen Wind und Wellen rudern. Ein bis zwei Stunden, dann wird alles vorbei sein, ein Jahr der Vorbereitung und Planung, eine Reise voller Abenteuer und Erfahrungen. Was bleibt, ist zwar nur die Erinnerung daran – die aber kann uns nichts und niemand nehmen!

Wir sitzen am Strand und beobachten das Spiel der Wellen. Die See ist wild und speit weiße Gischt an den Strand. In der Ferne erkennen wir die Silhouette von Kotzebue. Am Himmel ziehen dunkle Wolken auf, der Sturm kommt. Noch einmal sauge ich die Luft ein, den Geruch des Meeres, den Atem der Wildnis.

Es ist höchste Zeit aufzubrechen.

Am Ziel
Stürmische See zum Abschied

Die Autoren

Christian Langegger
1978 in Schwarzach im Pongau geboren; Medizinstudium in Innsbruck; während des Studiums Radreiseleiter in Irland, Schweden, in der Schweiz, in Deutschland, Österreich, Italien und Frankreich; Arzt für Allgemeinmedizin, in Ausbildung zum Radiologen im Krankenhaus Schwarzach im Pongau; begeisterter Jäger, Fischer, Bergsteiger, Kletterer und Abenteurer.

Christoph Biedermann
1978 in Innsbruck geboren, verheiratet. Medizinstudium in Innsbruck. Während des Studiums Reiseleiter in Frankreich, Deutschland und Italien. Arzt für Allgemeinmedizin, in Ausbildung zum Internisten im Krankenhaus Schwarzach im Pongau. Begeisterter Bergsteiger, Fischer, Jäger und Abenteurer.

Christoph Gruber
1984 in Salzburg geboren; aufgewachsen in Bad Hofgastein; Matura an der HTL Hallein; seit 2004 Studium der Telematik an der TU Graz; während der Ausbildung diverse branchennahe Tätigkeiten; Abenteuerreisen in Indonesien und Norwegen; begeisterter Kletterer, Bergsteiger, Jäger, Fischer und Abenteurer.

Ein weiteres Alaska-Abenteuer zum Nachlesen

Fesselnd und spannend von der ersten bis zur letzten Seite (Neue Zeitung für Tirol, 16. September 2006)
Ein außergewöhnlich fesselnder Erlebnisbericht (Dolomiten, 23. Dezember 2006)

Auch ich habe schon einige Touren im Yukon und Alaska gemacht und viele Reiseberichte gelesen. Dieses aber ist mein bestes Buch, das ich in den letzen Monaten gelesen habe! Absolut empfehlenswert!
Ein Leser aus Deutschland

Habe schon viel Reiseliteratur gelesen und muss sagen, dieses Buch war für mich eines der Besten.
Ein Leser aus Österreich

Packende Erlebnisse, ein toller Schreibstil und alles gespickt mit eindrucksvollen Bildern.
Ein Leser aus Österreich

Dieses Buch hat wirklich alles, was ein gutes Abenteuerbuch haben muss. Unglaublich spannend geschrieben – kann man nur weiterempfehlen!
Ein Leser aus Deutschland

2. Auflage, ISBN 3-85093-210-3
176 Seiten – farbig reich illustriert

„Dieses Buch beschreibt die Durchquerung Alaskas, die uns auf über 1.200 Kilometer mit dem Kanu und zu Fuß durch den ganzen Bundesstaat bis an die Bering See führt. Dabei stellen wir uns gleich mehreren Herausforderungen. Zum einen wollen wir bisher vollkommen unbekanntes Gebiet durchqueren, zum anderen versuchen wir uns auf der zweimonatigen Reise nur von dem zu ernähren, was wir uns in der Wildnis jagen und fischen können. Schwere Fehler in Zeitplanung und Vorbereitung sowie widrige Wetterumstände verursachen uns große Probleme, hinzu kommen hautnahe Bärenbegegnungen und lebensgefährliche Kentererlebnisse. Haben wir auch bereits seit unserer Jugend von einem Abenteuer à la Jack London geträumt, so führt uns diese Reise schließlich an unsere eigenen körperlichen und psychischen Grenzen. Ausgehungert und am Ende unserer Kräfte müssen wir schließlich erkennen, dass uns das große Abenteuer über den Kopf gewachsen ist, doch tief in der Wildnis gibt es kein Zurück …"

Weitere Informationen über die Autoren und ihre Reisen sowie wertvolle Tipps und tolle Fotos unter
www.der-versunkene-pfad.com

Heizprofi
Braunkohle Briketts
10 kg

statt 3,49
2,49
Ersparnis 1,-

Whiskas Frischebeutel
verschiedene Sorten,
12 x 100 g

statt 4,99
3,99
(per kg 3,33)
Ersparnis 1,-